基于对标分析的
石油公司
价值创造研究

窦旭明◎主编 李明 梁敬◎副主编

石油工业出版社

图书在版编目（CIP）数据

基于对标分析的石油公司价值创造研究 / 窦旭明主编 . -- 北京：石油工业出版社，2025.5. -- ISBN 978-7-5183-7332-1

Ⅰ . F416.22

中国国家版本馆 CIP 数据核字第 2025XG8670 号

基于对标分析的石油公司价值创造研究

窦旭明 主编　　李明　梁敬　副主编

出版发行：石油工业出版社
　　　　　（北京市朝阳区安华里二区 1 号楼 100011）
网　　址：www.petropub.com
编 辑 部：(010) 64523609　图书营销中心：(010) 64523633
经　　销：全国新华书店
印　　刷：北京九州迅驰传媒文化有限公司

2025 年 5 月第 1 版　2025 年 5 月第 1 次印刷
710 毫米 ×1000 毫米　开本：1/16　印张：12.75
字数：160 千字

定　价：98.00 元
（如发现印装质量问题，我社图书营销中心负责调换）
版权所有，翻印必究

序　言

国务院国资委发布《关于开展对标世界一流企业价值创造行动的通知》，指出国有企业必须最大限度提升价值创造能力，并决定在国有企业开展对标世界一流企业价值创造行动。通过与世界一流企业开展对标分析，完善国有企业的价值创造体系，推动世界一流企业建设。本文以价值创造为出发点，构建价值创造指标体系，对标国内外优秀石油公司，分析国内外石油公司的发展优势和差异，为后续石油公司的高质量发展提供启示。

本书聚焦价值创造对标，构建了系统全面的指标体系，涵盖8个维度46个核心指标，全方位体现石油公司的价值创造能力；聚焦一流对标对象，选择国际石油公司、国家石油公司及独立石油公司共计12家国内外优秀石油公司；聚焦多数据对标，搜集整理并系统分析12家对标公司在2016—2022年的指标数据，不仅实现了石油公司间的指标对比，还分析了对标公司近几年的指标变化趋势；聚焦先进的对标方法，定量指标分析选择科学先进的指标权重计算方法和评价方法，定性指标分析采用文本挖掘方法。

全书共有五章，第一章阐述了价值创造对标的背景与意义，详细说明了12家国内外石油公司作为对标对象的选取依据选取，并基于国资委相关要求和文献调研结果，构建了包括1个一级指标、8个二级管理维度指标和46个三级指标的价值创造对标指标体系。在此基础上，针对定性与定量相结合的对标指标体系特点，分别设计了定量分析与定性分析的价值创造对标实施方法。第二章介绍了价值创造对标数据的采集与处理方法，包括指标数据采集、校验、缺失值处理和规范化。第三章和第四章介绍了价值创造对标结果的分析过程，在完成指标数据处理后，运用第二章介绍的对标方法对各对标公司进行评价，并分别分析定量对标结果和定性对标结果，定量对标结果采用从综合对标到维度对标再到指标对标的方法，分析12家对标石油公司的表现差异，基于对标结果构建了虚拟管理标杆，并开展虚拟管理标杆与其他对标公司的对比研究。第五章基于前文的对标结果分析，总结出价值创造对标的结论，为后续石油公司提升价值创造、实现高质量发展提供了可借鉴的建议。

  本书可供石油与天然气工程管理、企业管理等相关专业的学生学习参考，也可供石油企业相关管理人员及对国内外石油企业发展感兴趣的研究者使用。

  由于作者水平有限，书中可能存在不妥之处，请读者批评指正。

目 录

第一章 价值创造对标的对象、指标体系及方法 1

  第一节 价值创造对标的背景与意义 1

  第二节 价值创造对标对象选取 2

  第三节 价值创造对标指标体系 4

  第四节 价值创造对标的方法构建 7

第二章 价值创造对标数据的采集与处理 10

  第一节 指标数据采集与校验 10

  第二节 指标数据缺失值处理 13

  第三节 指标数据规范化 15

第三章 基于对标的定量对标结果分析 17

  第一节 综合对标分析 17

  第二节 分项对标分析 20

  第三节 基于构建虚拟管理标杆的对标分析 145

i

第四章　基于对标的定性对标结果分析 166
第一节　公司治理与组织管理维度对标分析 166
第二节　战略管理维度对标分析 179

第五章　价值创造对标的结论 192

参考文献 196

第一章

价值创造对标的对象、指标体系及方法

第一节 价值创造对标的背景与意义

国务院国资委启动国有重点企业对标世界一流管理提升行动，进一步实施对标世界一流企业价值创造行动，围绕价值创造深化国资国企改革。《关于开展对标世界一流企业价值创造行动的通知》提出，以习近平新时代中国特色社会主义思想为指导，立足新发展阶段，完整、准确、全面贯彻新发展理念，以提升发展质量效益效率为主线，以对标世界一流企业为抓手，推动国有企业完善价值创造体系。要求国有企业更好履行经济责任、政治责任和社会责任，为加快建设世界一流企业提供坚强支撑。价值创造既是企业生存和发展的目的，也是路径，企业的价值就在于其创造价值的能力，不断为客户、员工、股东和社区等利益相关者创造价值，并实现企业自身的价值。价值创造是国有企业实现高质量发展的重要内容，有助于提升国有企业核心竞争力，增强国有企业核心功能，为企业可持续高质量发展奠定基础。价值创造为加快建设世界一流企业提供坚强支撑，是企业提升全球竞争力的本质要求。

国有企业应实施世界一流企业价值创造行动，以实现高质量可持续发展为最终目标，加快实现三个转变：从数量型规模型向质量型效益效率型转变；从注重短期绩效向注重长期价值转变；从单一价值视角向整体价值理念转变。采取七大行动措施：聚焦效益效率核心指标开展价值创造，不断夯实国有企业高质量发展的根基；聚焦创新驱动发展开展价值创造，持续打造企业转型升级的新动能；聚焦国家战略落实开展价值创造，充分发挥国有经济的战略支撑作用；聚焦治理效能提升开展价值创造，为世界一流企业建设提供有力支撑；聚焦可持续发展开展价值创造，有效提升企业长期价值的实现能力；聚焦共建共享开展价值创造，有力推动国有企业为经济社会发展贡献更大力量；聚焦体系能力建设开展价值创造，切实把准行动推进的重点任务和关键内容。

本书通过选取国内外优秀石油公司开展价值创造对标分析，构建价值创造指标体系，分析各石油公司在价值创造体系中多维度的表现。针对世界一流石油公司进行动态分析和评估，全方位剖析世界一流石油公司的价值创造能力，通过对标分析挖掘石油公司管理发展优势，进而提升治理效能。同时，挖掘石油公司发展短板，明确石油公司未来发展的提升方向和关键任务，为石油公司追赶世界一流企业、提升价值创造能力提供新颖和有效的管理提升建议。

第二节 价值创造对标对象选取

为实现科学有效的价值创造对标，共选取12家国内外一流的石油公司参与价值创造对标，包括10家国外公司、2家国内公司。国外公司包括：英国石油公司（bp，简称英国石油）、埃克森美孚公司（Exxon，简称埃克森）、荷兰皇家壳牌石油公司（Royal Dutch Shell，简称壳牌）、雪佛龙股份有限公司（Chevron，简称雪佛龙）、意大利埃尼集团（ENI，简称埃尼）、道达尔能源公司（TotalEnergies，简称道达尔）、挪威国家石油公司（Statoil ASA，简称挪威国油）、美国阿美达拉赫斯公司（HESS，简称赫斯）、澳大利亚伍德赛德能源公司（Woodside Energy，简称伍德赛德）、美国马拉松石油公司（MRO，简称马拉松）。国内公司包括：中国石油天然气集团有限公司（CNPC，简称中国石油）、中国石油化工集团有限公司（Sinopec，简称中国石化）。对标公司概况与选择依据如表1-1所示。

表1-1 对标公司概况与选择依据

公司类别	公司名称	国家	选择依据
国外石油公司	壳牌	荷兰	七大国际石油公司之一，国际一流石油公司
	埃克森美孚	美国	七大国际石油公司之一，国际一流石油公司
	英国石油	英国	七大国际石油公司之一，国际一流石油公司
	埃尼	意大利	七大国际石油公司之一，国际一流石油公司
	道达尔	法国	七大国际石油公司之一，国际一流石油公司
	雪佛龙	美国	七大国际石油公司之一，国际一流石油公司
	挪威国油	挪威	七大国际石油公司之一，国际一流石油公司
	赫斯	美国	独立石油公司
	伍德赛德	澳大利亚	独立石油公司
	马拉松	美国	独立石油公司
国内石油公司	中国石油	中国	中国三大石油公司之一
	中国石化	中国	中国三大石油公司之一

第三节　价值创造对标指标体系

一、价值创造对标指标体系构建的原则

（1）全面性原则。

指标需要满足全面性要求，能够多角度、多维度地反映公司全貌，基于全面的指标进行对标分析才能获得具有良好实际应用价值的管理提升建议。

（2）代表性原则。

虽然需要尽可能全面地选取指标，但是指标选取过多会不可避免地带来指标冗余、主次难分等问题。同时，过多的对标指标会导致对标工作成本增加、工作量繁重。选取具有代表性的指标进行对标分析，不仅可以揭示公司运营的整体面貌，还能简化对标过程、降低成本。

（3）可操作性原则。

指标易于获取、易于计算和操作是进行对标分析的前提和基础。对标指标应尽量选取参与对标的石油公司披露的、可量化的指标。采集指标数据时应关注合法性和数据安全等问题，同时要保证数据的真实性和可靠性。

（4）动态性、持续性原则。

构建对标指标体系并非一时之事，也不能一蹴而就，需要根据公司的内部发展运营状况及外部市场和政策的动态变化不断完善。只有动态更新的指标体系才能反映对标公司的实际发展情况。

二、价值创造对标指标体系构建

基于全面性、代表性、可操作性以及动态性、持续性原则，结合国资

第一章 ▶ 价值创造对标的对象、指标体系及方法

委关于开展对标世界一流企业价值创造行动的要求，构建价值创造对标指标体系，如图 1-1 所示。一级指标为价值创造能力，二级指标包括 6 个定量维度和 2 个定性维度，6 个定量维度包括效率效益、创新发展、员工发展、绿色低碳、油气生产、安全管理，2 个定性维度包括战略管理、公司治理与组织管理。

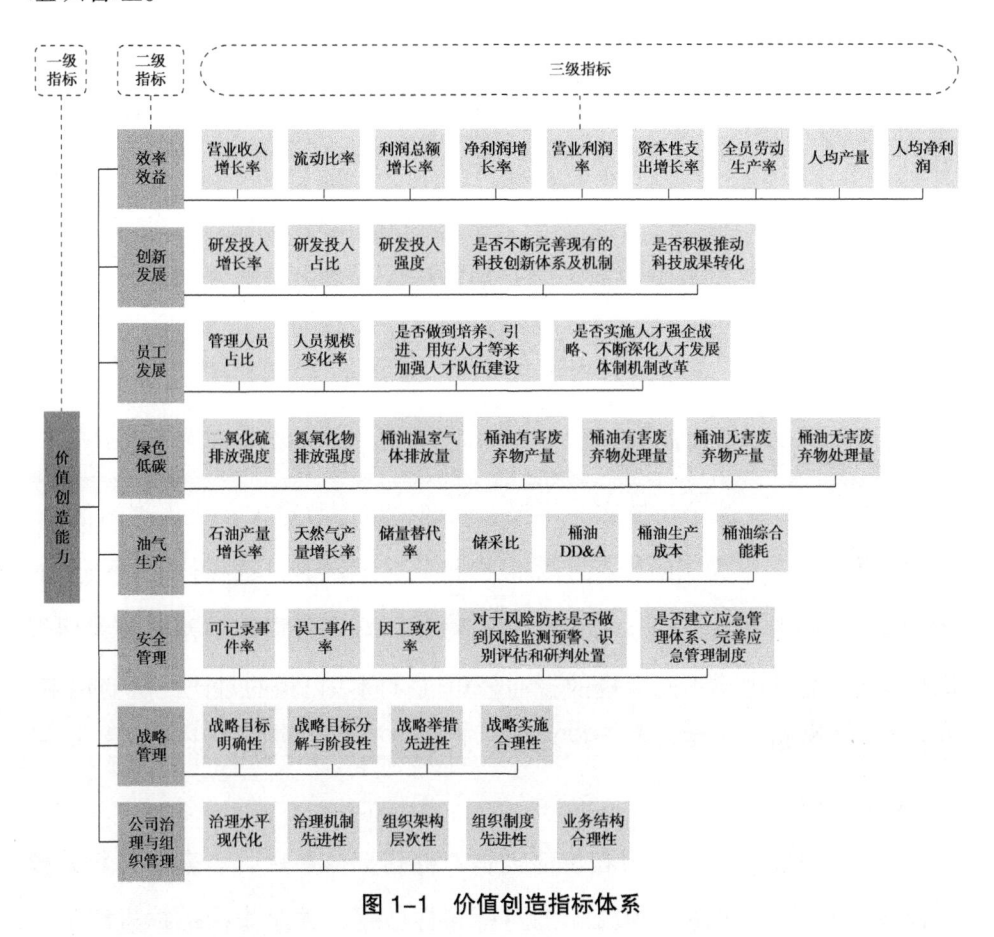

图 1-1 价值创造指标体系

各级指标的设置依据具体阐述如下：

（1）一级指标设置依据。

根据国资委《关于开展对标世界一流企业价值创造行动的通知》要求，

5

国有企业必须最大限度提升价值创造能力，以提升发展质量效益效率为主线，通过与世界一流企业开展对标分析，完善国有企业的价值创造体系，推动世界一流企业建设，不断增强国有经济竞争力、创新力、控制力、影响力和抗风险能力。所以选择价值创造能力作为一级对标指标。

（2）二级指标设置依据。

①根据国资委《关于开展对标世界一流企业价值创造行动的通知》中七大行动措施的关键词："聚焦效益效率""聚焦创新驱动发展""聚焦国家战略""聚焦治理效能""聚焦可持续发展""聚焦共享共建""聚焦体系能力建设"，选取效率效益、创新发展、员工发展、绿色低碳、安全管理、战略管理、公司治理与组织管理维度开展对标。②考虑到油气生产是石油公司的主营业务，也是价值创造的关键环节，故针对油气生产维度进行对标管理。

（3）三级指标设置依据。

①根据世界一流公司披露的年报、新闻公告等数据中多次出现的信息，选择关键的指标作为三级指标；②根据相关文献调研，选择代表性较强的指标作为三级对标指标；③考虑到参与对标的石油公司体量差异较大而带来的偏差，为准确将不同规模的石油公司进行同一口径的对比，从变化率、效率、比率等角度入手选取三级指标。基于以上各项依据，共选取了46个三级对标指标。

确定价值创造对标公司和价值创造对标指标体系后，多来源采集并校验12家对标公司2016—2022年的对标指标数据，并对指标数据进行缺失值填充以及规范化处理。确定最终的对标指标数据后，分别采用定量对标方法和定性对标方法进行对标计算及结果分析。

第四节　价值创造对标的方法构建

一、定量对标方法

（一）指标权重计算方法

定量指标的权重在价值创造能力体系构建中起到至关重要的作用，权重的分配不仅体现了对各指标重要性的认知，同时反映了对价值创造能力的综合考量，直接影响评价结果的准确性和科学性。本研究采用二元语义－熵权法确定综合权重，其中，二元语义法用于计算主观权重，反映决策者意向，熵权法则用于确定客观权重，增强对现实数据的科学体现，两者综合得到指标的综合权重。该方法能够将决策者的主观偏好和客观决策矩阵信息进行集成和综合。

二元语义是西班牙教授 Herrera 提出来的一种信息处理方法。通过采用评价短语和数值来表示评价信息及运算，可有效避免语言评价信息集成和运算过程中出现的信息损失和扭曲问题，从而使语言评价信息的计算结果更为精确。

熵权法是指根据信息数据本身的差异性确定指标权重，其根据各指标的变异程度，利用信息熵计算出各指标的熵权，再通过熵权对各指标权重进行修正，获得较为客观的指标权重。指标对应的熵值越小，表明该指标信息量越大，指标权重就越大；反之，熵值越大，权重越小。

（二）综合评价方法

指标属性值能够准确反映对标公司在各项指标中的表现。对于定量指标，其评价值采用指标属性值进行计算；对于定性指标，其评价值则采用二元语义方法来进行计算。由此得到综合评价矩阵。价值创造指标体系涉及多个维度，因此采用交互式多准则决策（TODIM）方法，TODIM方法根据决策者对收益和损失的不同偏好态度，构造对标公司两两比较的优势度矩阵，再通过计算个体优势度，得到各个对标公司的总体优势度，最后依据各对标公司的总体优势度大小进行排序。

二、定性对标方法

将对标公司在公司治理与组织管理、战略管理领域的文本数据进行关键词文本挖掘与对标分析，通过热点主题对标方法实现热点挖掘分析，并进行重点内容深度对标分析。公司治理与组织管理维度、战略管理维度相关的文本数据中包含的热点关键词类别比较丰富，表明公司对公司治理与组织管理或战略管理维度的重视程度相对较高。同时，文本数据中包含的热点关键词的含义则体现了公司着重在公司治理与组织管理维度、战略管理维度上进行的重点建设和突破。定性对标方法具体步骤如下：

（1）构建领域自定义词典。分别构建公司治理与组织管理、战略管理领域自定义词典。对公司治理与组织管理、战略管理的相关领域词典进行采集，过滤掉不同来源的领域词典中重复的词语，分别获得集成的公司治理与组织管理、战略管理开源领域词典。

（2）文本预处理。构造文本预处理函数并编写相应代码，实现对上述采集到的相关报告和新闻文本数据的预处理，包括基于语义和词性等要素将句子以及每个句子中的词语进行切分，过滤代词、介词、虚词等无实际含义的词语以及文本中的标点符号等无关元素，分别获得对标石油公司的公司治理与组织管理文本语料库和战略管理文本语料库。

（3）提取热点关键词。进行公司治理与组织管理维度、战略管理维度的热点关键词识别。针对公司治理与组织管理、战略管理文本语料库，分别使用已构建的石油公司治理与组织管理、战略管理领域自定义词典，基于正则表达式等构建函数模型并编写相应代码，从每家石油公司的文本语料库中抽取出公司治理与组织管理维度、战略管理维度相关的词语，并计算词语的词频。词语的词频数值越大，该词语的重要性越强，以此获得每家石油公司在公司治理与组织管理维度、战略管理维度的热点关键词。

（4）热点关键词可视化与对比分析。采用词云图的方式对公司治理与组织管理维度以及战略管理维度的关键词进行可视化与对标分析。词云是一种由词汇组成的类似云的彩色图形，词云对文本中出现频率较高的关键词给予视觉上的突出，从而过滤掉大量的文本信息，有助于浏览者清晰、直观地掌握重点内容。为了更加清晰、直观地掌握不同公司在公司治理与组织管理维度、战略管理维度的侧重点，设计词云可视化函数并编写相应程序代码，选取对标石油公司中关键词词频排名前 50 的词语进行词云图绘制。其中，关键词的大小体现了其重要程度。通过对比对标石油公司的词云图中公司治理与组织管理、战略管理相关的关键词，了解不同公司在公司治理与组织管理维度以及战略管理维度的侧重点、对这两个维度的重视程度并据此判断其发展趋势。

第二章

价值创造对标数据的采集与处理

第一节 指标数据采集与校验

一、指标数据来源

对标公司的数据主要采集自公司年度报告、可持续发展报告、美国证券交易委员会（SEC）网站等。对标需要首先获得公司的相关经营指标数据。公司的年度报告和可持续发展报告由公司内部发布，真实性较高，因此，数据采集来源以公司的年度报告，可持续发展报告（部分公司将其命名为环境报告、社会报告、治理报告或社会责任报告）为主，以新闻公告、SEC网站年报和专业数据库为辅。

（1）公司年度报告。

证券交易委员会规定，上市公司必须每年提供年度财务报表。石油公司年报是包含其每年业绩、各种指标数据的官方报告。年报作为一手资料，其数据具有较高的真实性、权威性，其中涵盖了公司财务、油气勘探开发、战略等信息模块。根据已构建的指标体系，需要采集桶油生产成本、研发投入占比和营业利润率等数据，因此选择公司年度报告作为数据主要来源之一。

（2）公司可持续发展报告。

可持续发展报告披露了公司用以改善和管理环境、社会和经济的举措及相应的结果。可持续发展报告涉及员工健康、员工培训、安全生产、绿色管理等指标。

（3）新闻公告。

新闻公告具有及时性、针对性、准确性和广泛性等特点，时效性较强，对于年报数据披露不及时或未披露的情况，可以从新闻公告中寻找数据，从多个来源收集数据。

（4）SEC网站。

不同公司年报往往具有不同的披露标准，而SEC官网对年报的披露标准进行了统一设置，因此除了从公司官网发布的年报中寻找数据，还可以从公司在SEC网站公布的年报中寻找数据。

（5）专业数据库。

专业数据库拥有石油和天然气行业最全面的数据。基于独有的数据采集流程与技术，数据库能够存储和管理大量的信息资源，数据可靠性和全面性较强。将从公司年报、SEC网站、可持续发展报告及新闻公告中采集的数据与专业数据库中的数据进行对比，可以进一步验证数据的可靠性。

二、指标数据采集

指标数据采集首先需要确定不同管理维度及对标指标数据的获取方法与获取渠道。针对定量对标指标数据，例如营业收入、专利数等，可以直接通过年报及其他相关报告获取，而另一些定量对标数据，例如储采比、储量替代率等，石油公司通常部分披露或不披露，需要根据新增可采储量、油气产量等其他相关数据进行计算，间接获取。因此需要针对定量对标指标进行梳理，针对需计算的指标设计专用计算公式，同时，结合指标情况综合确定需要采集的定量对标数据。其次，由于公司治理与组织管理、战略管理相关的数据分散在不同报告中且均为文字描述形式，针对定性对标指标数据，利用关键词检索方法从报告中获取相关文本数据。

三、指标数据校验

由于对标数据的采集涉及多个来源，需要对不同来源的对标数据进行相互验证，以保证对标数据的可靠性、准确性。

（1）年报数据与专业数据库数据的相互验证。

专业数据库为石油和天然气行业提供全面的资讯服务，其数据较全面。专业数据库中包含桶油生产成本、桶油折旧、折耗及摊销（简称桶油DD&A）、研发投入、人员规模等油气生产、创新发展和效率效益维度的数据。将从公司年报中采集的数据与专业数据库中的数据进行对比，可以进一步验证数据可靠性。

（2）可持续发展报告数据与SEC网站报告的相互验证。

SEC网站披露的年报会对安全管理维度（如可记录事件率）和绿色低碳维度（污染物排放）等指标进行粗略披露，而在可持续发展报告中这些指标会被更详细地披露，同时，可持续发展报告中会对员工人数等进行披露。通过核对两个报表中共同披露的数据，可以验证数据的准确性。

（3）新闻公告数据与SEC网站、专业数据库数据的相互验证。

油气成本等数据也可以在新闻网站获取，通过将新闻公告中获取的数据与SEC年报中的数据进行核对，同时将新闻公告中的桶油生产成本等数据与专业数据库中的数据进行比对，实现多源数据的相互验证。

第二节　指标数据缺失值处理

部分对标公司的部分对标指标数据存在未披露或披露年份不全的情况。针对对标数据的缺失情况，结合对标公司类型、已披露数据情况等，将缺失的对标数据进行补全。

（1）对标指标数据披露年份不全的缺失值补全方法。

①方法1：针对已披露数据存在明显变化趋势的情况。

针对对标公司已披露数据存在明显变化趋势的情况，假设已披露年份数据为λ_i，其中i=2016，2017，2018，2019，2020，2021，2022，缺失年份数据为γ_j，其中j=2016，2017，2018，2019，2020，2021，2022，基于已有年份数据，根据公式（1）计算缺失年份的数据。

$$\gamma_j=\max\{\lambda_i\} \pm |j-i_{\max}| \times \frac{\max\{\lambda_i\}-\min\{\lambda_i\}}{i_{\max}-i_{\min}} \tag{1}$$

其中，$i_{\max}$为已披露数据最大值对应的年份，$i_{\min}$为已披露数据最小值对应的年份。

②方法2：针对已披露数据稳定波动，但无明显变化趋势的情况。

针对对标公司已披露数据无明显变化趋势的情况，根据已披露年份数据的平均值，将缺失年份的对标指标数据进行补全，计算方法如公式（2）所示。

$$\gamma_j = \frac{\sum \lambda_i}{n} \tag{2}$$

其中，n为已披露数据的年份的数量。

（2）对标指标数据所有年份均未披露的补全方法。

①方法3：针对同一对标公司披露对标指标相关数据的情况。

针对对标指标所有年份均未披露数据，但与其具有相关关系的指标数据已披露的情况，假设同一对标公司第j年披露的相关指标数据为δ_j，同类对标公司第j年披露的相关指标数据为δ'_j，缺失第j年数据的对标指标为γ_j，其他对标公司第j年披露的同一对标指标数据为γ'_j，则可以观察已披露所有年份数据的同类对标公司的相关指标数据δ'_j与相应的同一对标指标数据γ'_j的相关关系，然后基于同一对标公司披露的相关指标数据δ_j，利用相关关系反推对标指标各个年份的缺失数据γ_j，并进行补全，计算方法如公式（3）所示。

$$\gamma_j = \frac{\gamma'_j}{\delta'_j} \delta_j \qquad (3)$$

由于七大石油公司（壳牌、埃克森美孚、英国石油、道达尔、埃尼、挪威国油、雪佛龙）的体量相差不大，属于同一类石油公司，不同对标指标数据之间的相关关系可以相互借鉴，赫斯、马拉松和伍德赛德属于独立石油公司，中国石油和中国石化属于国内石油公司。

②方法4：针对同类对标公司已披露对标指标数据的情况。

由于同类公司的油气产量、营业收入等各项对标数据相差较小，针对对标指标所有年份均未披露数据，但同类公司针对同一对标指标披露数据较全的情况，在此可采用同类公司同一年份同一指标的平均值来补全缺失的对标数据。假设已披露对标数据的同类公司为τ_m，其中m为已披露数据的对标公司名称，M为已披露对标数据的同类公司数量，补全第j年缺失数据的计算方法如公式（4）所示。

$$\gamma_j = \frac{\sum_1^M \tau_{mj}}{M} \tag{4}$$

③方法5：针对同类对标公司未披露对标指标数据的情况。

针对对标指标所有年份均未披露数据，且同类公司针对同一对标指标也未披露数据的情况，将无法补全相应的对标指标的缺失值。对于此类指标，仅针对已披露数据的公司开展对标指标分析，在进行管理维度整体对标及公司综合对标时，由于缺失数据无法补全，此类指标不再参与综合对标分析。

④方法6：针对对标公司多项对标指标数据均未披露的情况。

若对标公司的多项指标数据均未披露，例如桶油有害废弃物产量、处理量，以及无害废弃物产量、处理量等指标数据未披露，说明该公司的数据披露过于隐晦，可能是相关指标数据表现较差。由于桶油有害废弃物产量、桶油无害废弃物产量越低越好，故在此将所有对标公司中有害废弃物产量、无害废弃物产量的最大值作为其有害废弃物产量及无害废弃物产量。同时，由于桶油有害废弃物处理量、桶油无害废弃物处理量越高越好，在此将所有对标公司的桶油有害废弃物处理量、桶油无害废弃物处理量的最小值，作为其桶油有害废弃物处理量和无害废弃物处理量的对标数据。

第三节 指标数据规范化

数据规范化是数据分析的基础，整理好数据才便于进行对标计算。由于各个公司披露数据存在单位不一致、口径不统一等问题，因此，需要对采集的数据进行规范化处理。统一对标数据单位，便于进行对标计算。对标公司同时包含国内对标公司和国外对标公司，国外公司的货币通常以美元作为计价单位，也有少数国外公司采用欧元，国内公司则均使用人民币作为计价单位，因为对标公司中有一半以上的公司都是以美元为计价单位，因此，对于不以美元为计价单位的对标公司，按照当年平均汇率进行数值转换。同时，几乎所有公司披露的数据都是以百万作为数量级，所以对所有公司的数据，例如石油液体产量、废弃物排放量、可记录事件率等，均以百万为单位进行计算，天然气产量则是以十亿作为数量级。除了要考虑数量级外，还需要对天然气产量和石油产量的单位换算进行统一。目前，对标公司的石油产量统一使用桶油当量（简称BOE）作为标准，天然气产量采用的单位是立方英尺，油气整体则按照换算比例1∶6000换算桶油当量。

第三章

基于对标的定量对标结果分析

第一节　综合对标分析

基于综合评价方法，对比分析 12 家对标石油公司 2016—2022 年的综合评价表现及变化。综合对标分析则是综合 6 个二级定量维度，即 37 个三级指标，整体评价 12 家对标石油公司在价值创造能力方面的表现，如图 3-1 所示，公司维度得分即综合评价得分，得分越高，排名越高。

中国石油 2016—2022 年排名始终靠后，2017 年和 2018 年排名位于第 12 位，2020 年位于第 7 位，2021 年位于第 11 位，其余年份均位于第 10 位，可以看出中国石油整体价值创造能力表现不佳，存在较大的进步空间，虽然在绿色低碳和安全管理方面表现较好，但在效率效益、员工发展等方面还需继续提升。

中国石化 2016—2022 年排名波动较大，由 2016 年的第 4 位下降至 2018 年的第 8 位，2020 年位于第 2 位，2021 年排名下降，2022 年下降至第 11 位。中国石化在 2020 年之后整体价值创造能力下降，油气生产能力处于中等偏下水平，效率效益也处于较低水平。

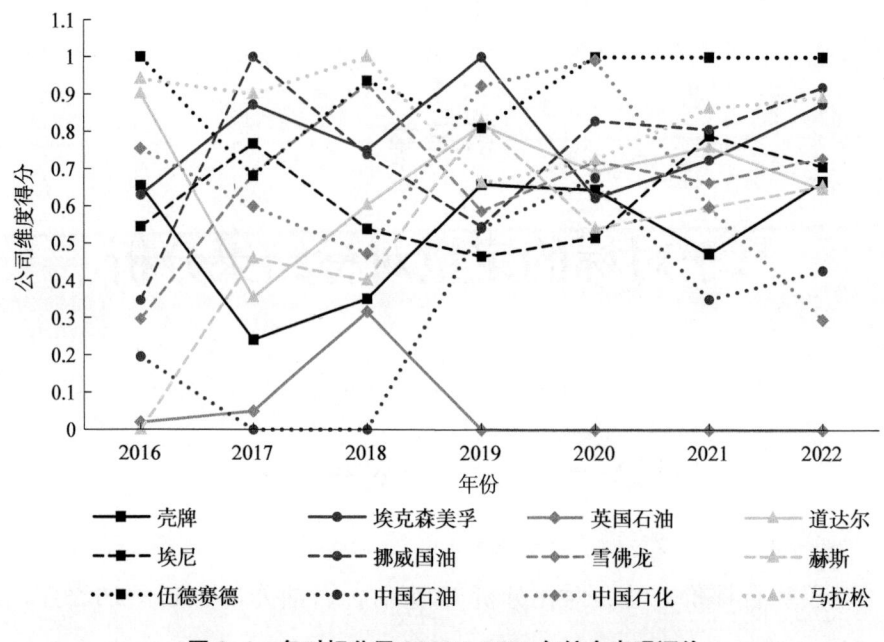

图3-1 各对标公司2016—2022年综合表现评价

壳牌2021年排名下降至第10位，2022年上升至第7位，上升幅度较大，2022年排名上升与其安全管理有所提升、创新发展能力不断提高等因素有关。

英国石油2019—2020年排名一直位于第12位。可以看出英国石油在价值创造能力方面还有较大的进步空间，在油气生产、员工发展等方面还需不断改进优化。

埃克森美孚2016—2019年排名有波动，2016年位于第6位，2019年位于第1位，2020年排名降到第7位，2022年排名有所提升，位于第4位，主要是因为其安全管理能力、效率效益以及油气生产能力都有所提升。

道达尔由2016年的第3位下降至2017年的第9位，2019年又提升至第 4 位，2022 年排名位于第 9 位，主要是因为其在绿色低碳、创新发展方面表现不佳。

埃尼 2016—2018 年的排名在第 4 位至第 7 位之间波动，2019 年降至第 11 位，2021 年、2022 年排名分别处于第 4 位、第 6 位。与 2020 年相比，埃尼 2021 年和 2022 年综合价值创造能力有所提升，高于行业中等水平，油气生产能力有所提升，安全管理方面也表现良好。

挪威国油排名波动较大，由 2016 年的第 8 位上升至 2017 年的第 1 位，2019 年排名位于第 9 位，2019—2022 年整体处于上升趋势，2022 年排名位于第 2 位。挪威国油近两年综合排名较好，主要是由于其油气生产能力有所提升，效率效益也较高。

雪佛龙综合排名由 2016 年的第 9 位上升至 2018 年的第 3 位，2019 年排名下降至第 8 位，2020 年又上升至第 5 位，2021 年排名下降，2022 年排名又上升至第 5 位。雪佛龙 2021—2022 年排名不稳定，主要是因为其在绿色低碳方面表现不佳。

赫斯排名由 2016 年的第 12 位上升至 2019 年的第 3 位，2022 年又下降至第 8 位，排名下降原因有安全管理方面、绿色低碳方面表现不佳等。

伍德赛德综合排名由 2016 年的第 1 位下降至 2017 年的第 6 位，2017—2022 年整体呈上升趋势，2020—2022 年排名稳定在第 1 位。可以看出其整体价值创造能力表现较好，特别是效率效益方面表现优异。

马拉松 2016—2022 年综合排名位于前 6 位，2016 年、2017 年和 2021 年均位于第 2 位，2018 年位于第 1 位。可以看出马拉松石油公司综合排名保持在前列，并且其在创新发展方面不断改进，员工发展方面也在不断优化，近几年在效率效益方面表现较好。

第二节　分项对标分析

一、油气生产维度对标分析

基于综合评价方法，对比分析12家对标石油公司油气生产维度在2016—2022年的表现及变化，对标结果如图3-2所示。

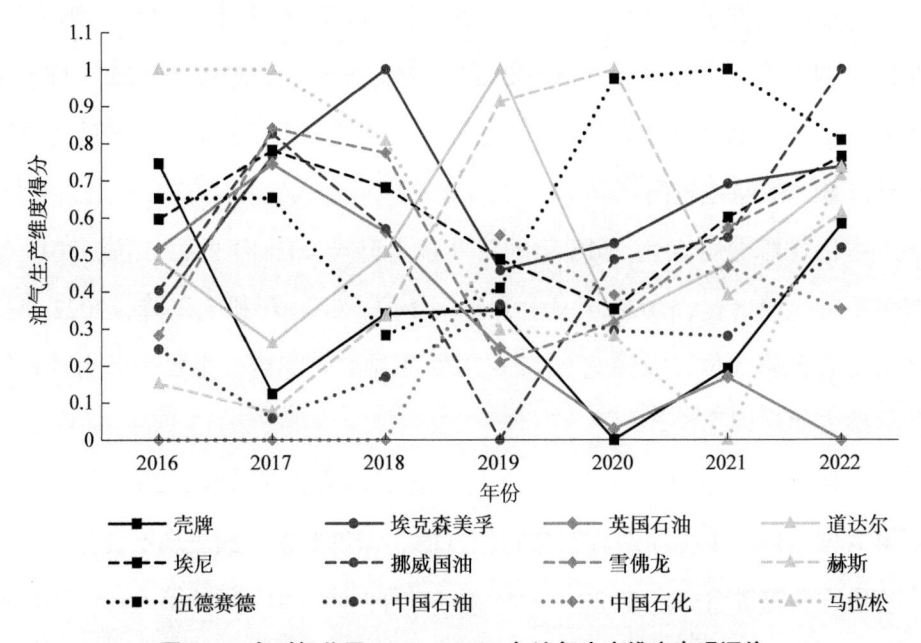

图 3-2　各对标公司2016—2022年油气生产维度表现评价

中国石油2016—2022年排名较稳定，由2016年的第10位下降至2017年的第11位，2018年排名稳定在第11位，2019年上升至第7位，2020—2021年稳定在第9位，2022年降至第10位。中国石油近几年排名下降主要是因为其在成本控制方面表现不佳，桶油DD&A、桶油生产成本都有增长趋势，并且在石油和天然气生产方面指标值波动大，导致其在油气生产维度排名较低。

中国石化2016—2018年排名稳定在第12位，2019年排名显著上升，位于第3位，2020年之后排名逐年下降，2022年降至第11位。中国石化近几年油气生产维度排名下降与石油产量增长率和天然气产量增长率下降有关，后续需要重视石油和天然气的勘探开发力度。

壳牌排名由2016年的第2位下降至2017年的第9位，2018—2019年排名稳定在第8位，2020年下降至第12位，2022年提升至第9位。壳牌2022年排名有所提升的原因在于桶油DD&A下降、储采比和储量替代率有小幅提升。

英国石油2016—2022年排名有明显下降，2016—2017年排名下降，由2016年的第5位下降至2017年的第6位，2017—2018年排名较稳定，之后排名逐年下降，2020年降至第11位，2021年保持在第11位，2022年下降至第12位。排名下降明显的原因是桶油生产成本和桶油综合能耗有所上升，同时石油和天然气产量出现大幅下降，储量替代率和储采比呈下降趋势。

埃克森美孚2016—2022年排名波动较大，2016—2018年排名逐年上升，由2016年的第8位上升至2018年的第1位，2018—2019年排名下降，由2018年的第1位下降至2019年的第5位，之后排名有所上升，2021年上升至第2位，2022年下降至第4位。2022年排名下降的原因是天然气产量增长率下降、储量替代率大幅下降，其他指标基本保持不变。

埃尼2016—2019年排名位于第4位，2019—2020年排名下降，2020年下降至第6位，2021年又上升至第3位，2022年保持在第3位，2022年指标较为稳定。埃尼的排名没有位于前列，主要原因是其天然气增长率和储量替代率都比较低。

挪威国油 2016—2022 年排名波动明显，2016—2017 年排名上升，由 2016 年的第 7 位上升至 2017 年的第 3 位，2017—2019 年排名逐年下降，2019 年下降至第 12 位，2020 年上升至第 4 位，2021 年排名又下降至第 5 位。2022 年排名上升至第 1 位。2022 年排名显著上升的原因是 2022 年桶油 DD&A 下降，天然气产量增长率上升，储量替代率和储采比也有所上升。

雪佛龙 2016—2022 年排名变化较大，2016—2017 年排名上升，由 2016 年的第 9 位上升至 2017 年的第 2 位，2017—2019 年排名下降，2019 年下降至第 11 位，2020 年排名有所上升，2021 年上升至第 4 位，2022 年下降至第 6 位。雪佛龙的排名不是很稳定，主要原因在于桶油综合能耗和石油产量增长率不太稳定。

赫斯 2016—2022 年排名波动较大，2016—2020 年排名上升，由 2016 年的第 11 位上升至 2020 年的第 1 位，2021 年排名下降至第 8 位，2022 年保持在第 8 位。2020 年跃升至第 1 位的主要原因是石油产量增长率和储量替代率大幅提升，这两个指标值大大高于其他公司，其他年份各个指标都没有大幅提升，且相较其他公司表现不是很突出。

伍德赛德 2016—2022 年排名整体有所上升，2016—2018 年排名下降，由 2016 年的第 3 位下降至 2018 年的第 10 位，2018—2021 年排名上升幅度较大，2021 年上升至第 1 位，2022 年下降至第 2 位。2021 年排名上升至第 1 位，主要原因是储量替代率和储采比表现优异。

道达尔 2016—2022 年排名不稳定，由 2016 年的第 6 位下降至 2017 年的第 8 位，2017—2019 年排名有所上升，2019 年上升至第 1 位，2020 年下降至第 7 位，2021 年上升到第 6 位，2022 年下降至第 7 位。道达尔排名很不稳定，主要原因在于其桶油生产成本、石油产量增长率和天然气产量增长率表现不稳定。

马拉松2016—2022年排名有所波动。2016—2017年排名位于第1位，之后排名有所下降，2021年下降至第12位，2022年上升至第5位。马拉松2021年排名大幅下降的主要原因是天然气产量大幅下降，储采比也有所下降。

（一）桶油DD&A

桶油DD&A占桶油五项成本的55%左右，因此桶油DD&A数值越小越好。各对标公司2016—2022年桶油DD&A变化情况如图3-3所示。

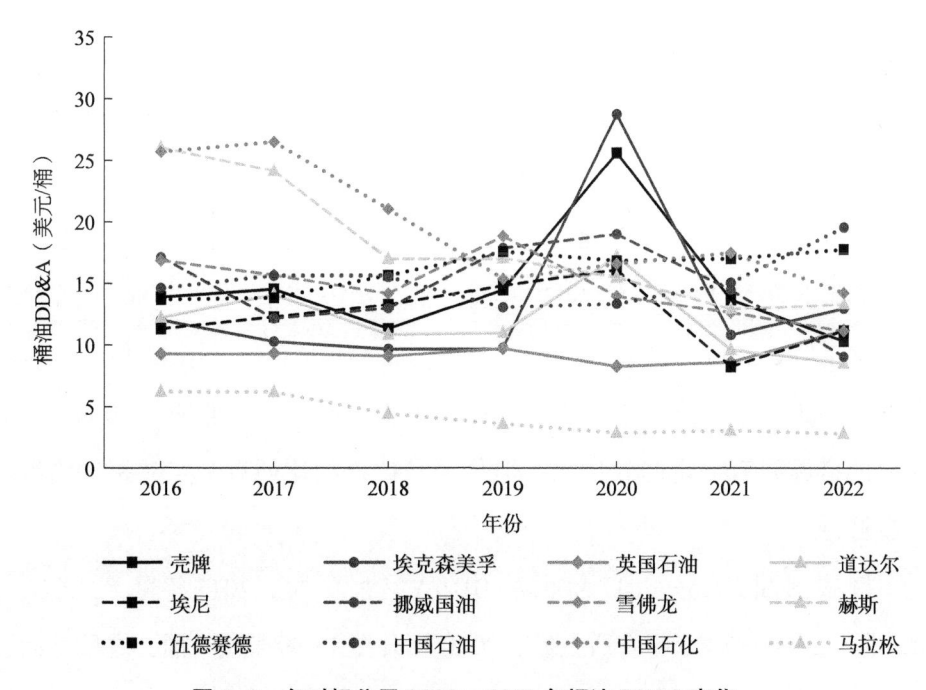

图3-3 各对标公司2016—2022年桶油DD&A变化

中国石油的桶油DD&A由2016年的14.62美元/桶升至2017年的15.65美元/桶，2017—2019年桶油DD&A逐年下降，2019年降至13.06美元/桶，之后又开始逐年上升，2022年升至最高值19.53美元/桶，2016—

2022年排名波动较大，由2016年的第8位降至2022年的第12位，中国石油需要进一步降低桶油DD&A。

埃尼的桶油DD&A由2016年的11.30美元/桶上升至2020年的16.1美元/桶，2021年下降至8.23美元/桶，2022年上升至11.14美元/桶，埃尼2016—2022年排名出现波动，由2016年的第3位下降至2022年的第6位，埃尼需要进一步采取多种措施降低桶油DD&A。

道达尔2016—2022年桶油DD&A排名波动较大，由2016年的第5名上升至2022年的第2位，道达尔2017年桶油DD&A上升至14.12美元/桶，2018年下降至10.83美元/桶，之后开始上升，2020年上升至17.21美元/桶，2021年开始下降，2022年下降至8.52美元/桶。道达尔在降低桶油DD&A方面采取的措施达到预期效果，应继续保持。

雪佛龙2016—2022年桶油DD&A指标值波动较大，由2016年的16.86美元/桶下降至2018年的14.20美元/桶，2019年上升至18.84美元/桶，之后又下降，2022年下降至11.11美元/桶。2019年位于第12位，之后排名上升，2022年排名升至第5位。可以看出雪佛龙在降低桶油DD&A方面采取的措施是有一定的效果的，但是与马拉松相比还有一定差距，仍需进一步努力。

挪威国油2016—2017年桶油DD&A有所下降，2017年降至12.14美元/桶，2018—2020年有所上升，2020年升至18.99美元/桶，之后开始逐年下降，2022年下降至9.03美元/桶。挪威国油2016—2022年排名上升，由2016年的第10位上升至2022年的第3位。2022年挪威国油桶油DD&A表现较为优异，但是与马拉松同年的2.82美元/桶还有一定差距，可以调整策略，进一步降低桶油DD&A。

赫斯2016—2018年桶油DD&A持续下降，由2016年的26.03美元/桶下降至 2018 年的 17 美元 / 桶，2019 年上升至 17.04 美元 / 桶，之后开始逐年下降，2022 年下降至 13.3 美元 / 桶。赫斯 2016—2022 年排名虽有波动，但整体有所上升，由 2016 年的第 12 位上升至 2022 年的第 9 位。虽然赫斯的桶油 DD&A 有所下降，但是离行业世界一流水平还有一定距离，仍需继续努力。

壳牌 2016—2017 年桶油 DD&A 有所上升，2017 年升至 14.54 美元 / 桶，2018 年下降至 11.31 美元 / 桶，2018—2020 年有明显上升，2020 年上升至 25.59 美元 / 桶，之后开始逐年下降，2022 年降至 10.28 美元 / 桶。壳牌 2016—2022 年排名由 2016 年的第 7 位升至 2022 年的第 4 位。可以看出壳牌为降低桶油 DD&A 采取了有效措施，桶油 DD&A 明显下降，壳牌可以继续完善相关措施，寻求降低桶油 DD&A 的最优途径。

英国石油 2016—2017 年桶油 DD&A 上升，由 2016 年的 9.27 美元 / 桶上升至 2017 年的 9.35 美元 / 桶，2018 年短暂下降至 9.11 美元 / 桶，2019 年升至 9.71 美元 / 桶，2020 年下降至 8.28 美元 / 桶，之后开始逐年上升，2022 年上升至 11.2 美元 / 桶。英国石油 2016—2020 年排名一直稳定在第 2 位，之后排名开始下降，2022 年降至第 7 位。英国石油 2021—2022 年桶油 DD&A 有所上升，应进一步调整现有策略，及时修正不足。

伍德赛德 2016—2019 年桶油 DD&A 上升，由 2016 年的 13.69 美元 / 桶上升至 2019 年的 17.57 美元 / 桶，2020 年下降至 16.84 美元 / 桶，之后开始逐渐上升，2022 年升至 17.74 美元 / 桶。伍德赛德 2016—2022 年排名有所下降，由 2016 年的第 6 位下降至 2022 年的第 11 位。伍德赛德桶油 DD&A 近年有所上升，公司应在降低桶油 DD&A 方面采取有效措施，探寻降低桶油 DD&A 的最优路径。

埃克森美孚 2016—2018 年桶油 DD&A 逐年下降，由 2016 年的 12 美元/桶下降至 2018 年的 9.66 美元/桶，2018—2020 年有所上升，2020 年上升至 28.72 美元/桶，2021 年下降至 10.8 美元/桶，2022 年上升至 12.95 美元/桶。埃克森美孚 2016—2022 年排名波动较大，2016—2017 年排名上升，由 2016 年的第 4 位升至 2017 年的第 3 位，2017—2019 年排名稳定在第 3 位，2020 年降至第 12 位，2021 年上升至第 5 位，2022 年下降至第 8 位。埃克森美孚前几年表现较好，桶油 DD&A 一直在下降，但是近几年有上升趋势，埃克森美孚应该进一步采取措施，降低桶油 DD&A。

中国石化 2016—2017 年桶油 DD&A 上升至 26.5 美元/桶，2017—2019 年开始逐年下降，2019 年下降至 15.38 美元/桶，2019—2021 年逐年上升，2021 年上升至 17.48 美元/桶，之后有所下降，2022 年降至 14.23 美元/桶。中国石化 2016—2022 年排名有小幅波动，由 2016 年的第 11 位上升至 2022 年的第 10 位，中国石化距离行业一流水平还有一定差距。

马拉松 2016—2020 年桶油 DD&A 逐年下降，由 2016 年的 6.21 美元/桶降至 2020 年的 2.89 美元/桶，2021 年升至 3.07 美元/桶，2022 年又下降至 2.82 美元/桶，马拉松 2016—2022 年排名均稳定在第 1 位，马拉松在 2016—2020 年降低成本的措施效果明显，桶油 DD&A 总体不断下降，仅在 2021 年有少量上升，马拉松应注意保持其桶油 DD&A 的下降趋势。

2022 年桶油 DD&A 排名前三位的对标公司是马拉松、道达尔和挪威国油，马拉松的桶油 DD&A 最低，为 2.82 美元/桶，低于道达尔的 8.52 美元/桶，挪威国油的桶油 DD&A 为 9.03 美元/桶。2022 年桶油 DD&A 排名后三位的对标公司是中国石化、伍德赛德和中国石油，其桶油 DD&A 指标值分别是 14.23 美元/桶、17.74 美元/桶和 19.53 美元/桶。

(二)桶油生产成本

各对标公司 2016—2022 年桶油生产成本变化情况如图 3-4 所示。桶油生产成本越小越好。

中国石油 2016—2018 年桶油生产成本逐年上升,由 2016 年的 14.12 美元/桶上升至 2018 年的 16.72 美元/桶,2018—2020 年逐年下降,2020 年下降至 13.83 美元/桶,2020—2022 年逐年上升,2022 年上升至 21.15 美元/桶。中国石油 2016—2022 年排名趋于稳定,除 2016 年排名位于第 10 位之外,其余年份均位于第 11 位。中国石油相较其他公司桶油生产成本一直都很高,应该进一步降本增效,降低桶油生产成本。

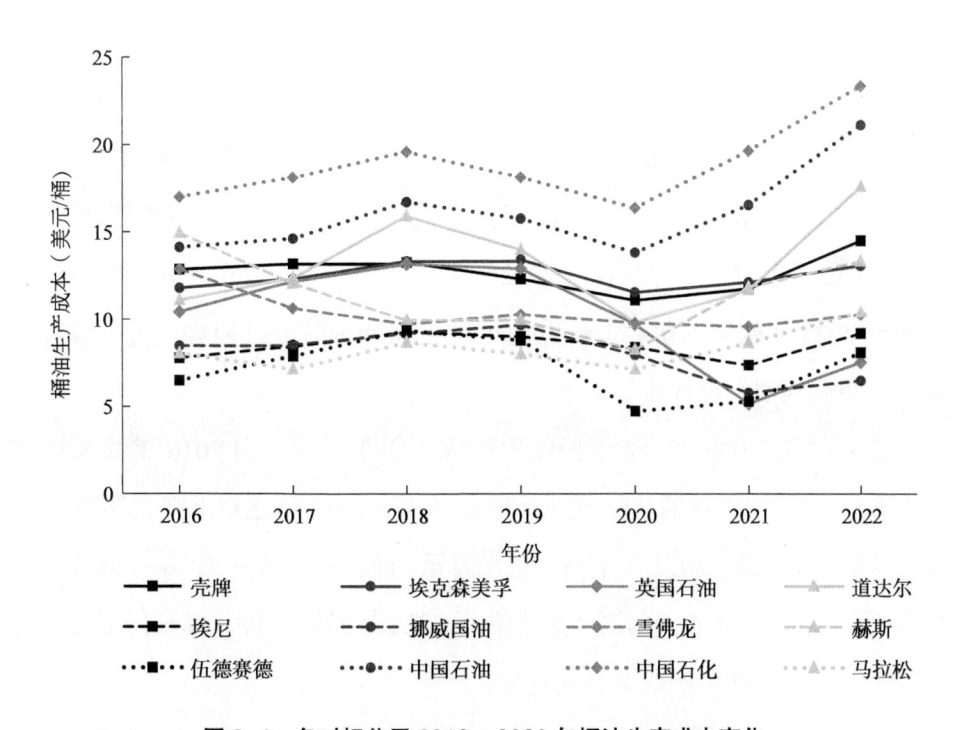

图 3-4 各对标公司 2016—2022 年桶油生产成本变化

埃尼 2016—2018 年桶油生产成本逐年上升，由 2016 年的 7.77 美元/桶上升至 2018 年的 9.27 美元/桶，2018—2021 年开始逐年下降，2021 年下降至 7.39 美元/桶，之后有所下降，2022 年又上升至 9.2 美元/桶。埃尼 2016—2022 年排名有所下降，由 2016 年的第 2 位下降至 2022 年的第 4 位。埃尼的桶油生产成本处于中上水平，但是近几年来排名有所下降，需要改变策略，降低桶油生产成本。

道达尔 2016—2018 年桶油生产成本逐年上升，由 2016 年的 11.1 美元/桶上升至 2018 年的 15.93 美元/桶，2018—2020 年逐年下降，2020 年下降至 9.82 美元/桶，之后开始逐年上升，2022 年上升至 17.62 美元/桶。道达尔 2016—2022 年排名有所下降，由 2016 年的第 6 位下降至 2022 年的第 10 位，说明道达尔需及时调整降本增效策略，进一步降低桶油生产成本。

雪佛龙 2016—2018 年桶油生产成本逐年下降，由 2016 年的 12.86 美元/桶下降至 2018 年的 9.73 美元/桶，2019 年上升至 10.29 美元/桶，2019—2021 年逐年下降，2021 年下降至 9.59 美元/桶，2022 年上升至 10.29 美元/桶。雪佛龙 2016—2022 年排名有所上升，由 2016 年的第 9 位上升至 2022 年的第 5 位，雪佛龙应该继续保持排名上升趋势，进一步降本增效，降低桶油生产成本。

挪威国油 2016—2019 年桶油生产成本逐年上升，由 2016 年的 8.47 美元/桶上升至 2019 年的 9.68 美元/桶，2019—2021 年逐年下降，2021 年下降至 5.8 美元/桶，2022 年上升至 6.5 美元/桶。挪威国油 2016—2022 年排名有所上升，由 2016 年的第 4 位上升至 2022 年的第 1 位，挪威国油处于行业领先水平，桶油生产成本表现优异。

赫斯 2016—2020 年桶油生产成本整体呈下降趋势，由 2016 年的 14.94 美元/桶下降至 2020 年的 8.25 美元/桶，之后开始逐年上升，2022 年上升至 13.34 美元 / 桶。赫斯 2016—2022 年排名有所上升，由 2016 年的第 11 位上升至 2022 年第 8 位，可以看出赫斯 2016—2022 年在降低桶油生产成本方面效果显著，但是仍有较大进步空间，需要进一步保持增长趋势，不断降低桶油生产成本。

壳牌 2016—2018 年桶油生产成本逐年上升，由 2016 年的 12.85 美元 / 桶上升至 2018 年的 13.28 美元 / 桶，2018—2020 年桶油生产成本逐年下降，2020 年下降至 11.1 美元 / 桶，之后开始逐年上升，2022 年上升至 14.52 美元 / 桶。壳牌 2016—2022 年排名有所下降，由 2016 年的第 8 位下降至 2022 年的第 9 位，可以看出近年来壳牌在降低桶油生产成本方面表现不好，不降反增，需要改变策略，降低桶油生产成本。

英国石油 2016—2018 年桶油生产成本逐年上升，由 2016 年的 10.43 美元 / 桶上升至 2018 年的 13.18 美元 / 桶，2018—2021 年逐年下降，2021 年下降至 5.17 美元 / 桶，2022 年上升至 7.55 美元 / 桶。英国石油 2016—2022 年排名上升明显，由 2016 年的第 5 位上升至 2022 年的第 2 位，由此可见英国石油在降低桶油生产成本方面采取的措施是切实有效的。

伍德赛德 2016—2018 年桶油生产成本逐年上升，由 2016 年的 6.48 美元 / 桶上升至 2018 年的 9.35 美元 / 桶，2018—2020 年逐年下降，2020 年下降至 4.74 美元 / 桶，之后开始逐年上升，2022 年上升至 8.1 美元 / 桶，伍德赛德排名由 2016 年的第 1 位下降至 2022 年的第 3 位，伍德赛德桶油生产成本不太稳定，需要进一步降低桶油生产成本。

埃克森美孚 2016—2019 年桶油生产成本逐年上升，由 2016 年的 11.29 美元 / 桶上升至 2019 年的 13.43 美元 / 桶，2020 年下降至 11.57 美元 / 桶，之后开始逐年上升，2022 年上升至 13.09 美元 / 桶。埃克森美孚 2016—2022 年排名趋于稳定，基本维持在第 7 位，可以看出近几年埃克森美孚桶油生产成本变化幅度不大，需要加大降本增效力度，实现桶油生产成本的大幅下降。

中国石化2016—2018年桶油生产成本逐年上升，由2016年的17美元/桶上升至2018年的19.62美元/桶，2020年下降至16.38美元/桶，之后开始逐年上升，2022年升高至23.38美元/桶。中国石化2016—2022年排名稳定，一直位于第12位。中国石化桶油生产成本较高，且变化幅度很小，中国石化应该采取一定的措施，降低桶油生产成本。

马拉松2016—2017桶油生产成本下降，由2016年的8.03美元/桶下降至2017年的7.15美元/桶，2018年上升至8.68美元/桶，2018—2020年开始逐年下降，2020年下降至7.15美元/桶，之后开始逐年上升，2022年升高至10.42美元/桶。马拉松2016—2022年排名下降明显，由2016年的第3位下降至2022年的第6位，可以看出近年来马拉松在桶油生产成本方面表现不佳，桶油生产成本排名不断下降，马拉松需要进一步降本增效，降低桶油生产成本。

2022年桶油生产成本排名前三位的对标公司是挪威国油、英国石油和伍德赛德，挪威国油为6.5美元/桶，英国石油的桶油生产成本为7.55美元/桶；2022年桶油生产成本排名后三位的公司是道达尔、中国石油和中国石化，这三个对标公司在2022年的桶油生产成本分别为17.62美元/桶、21.15美元/桶和23.38美元/桶，说明道达尔、中国石油和中国石化在桶油生产成本管理方面还需继续努力。

（三）桶油综合能耗

各对标公司2016—2022年桶油综合能耗变化情况如图3-5所示。桶油综合能耗越小越好。

中国石油2016—2017年桶油综合能耗下降，由2016年的3.48吉焦/吨

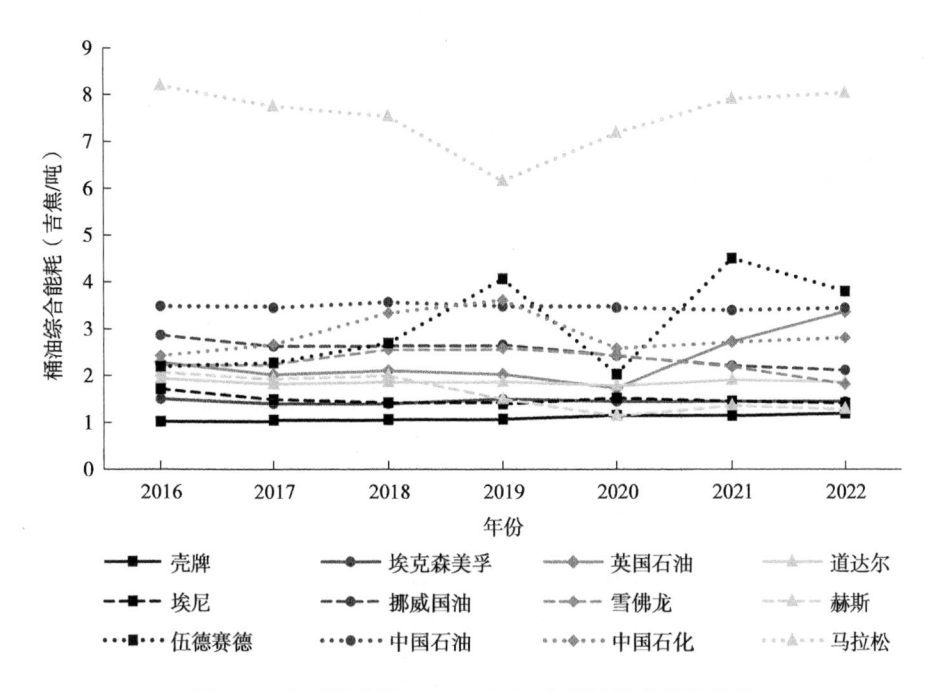

第三章 ▶ 基于对标的定量对标结果分析

图 3-5 各对标公司 2016—2022 年桶油综合能耗变化

下降至 2017 年的 3.45 吉焦/吨，2018 年上升至 3.57 吉焦/吨，2018—2021 年桶油综合能耗逐年下降，2021 年下降至 3.4 吉焦/吨，2022 年上升至 3.44 吉焦/吨。中国石油 2016—2022 年排名有所上升，由 2016 年的第 11 位上升至 2022 年的第 10 位，这一趋势表明，中国石油在节能减排方面取得了一些成效，但仍需继续努力，持续优化运营流程，投资节能技术，建立更严格的能耗管理制度。

埃尼 2016—2019 年桶油综合能耗逐年下降，由 2016 年的 1.71 吉焦/吨下降至 2019 年的 1.39 吉焦/吨，2020 年上升至 1.52 吉焦/吨，之后开始逐年下降，2022 年下降至 1.41 吉焦/吨。埃尼 2016—2022 年排名基本稳定在第 3 位，可以看出埃尼在桶油综合能耗方面表现稳定，在行业中处于领先地位。

道达尔2016—2017年桶油综合能耗下降,由2016年的1.94吉焦/吨下降至2017年的1.82吉焦/吨,2017—2019年逐年上升,2019年上升至1.87吉焦/吨,2020年下降至1.79吉焦/吨,2021年又上升至1.91吉焦/吨,2022年下降至1.87吉焦/吨。道达尔2016—2022年排名有所下降,由2016年的第4位下降至2022年的第6位。指标值波动反映了公司在提高能源效率方面的不确定性,可能需要更加稳定的改进措施,道达尔需要重点关注能耗波动的原因,积极应用新技术,以实现更稳定的能效改进。

雪佛龙2016—2019年桶油综合能耗逐年上升,由2016年的2.23吉焦/吨上升至2019年的2.59吉焦/吨,之后开始逐年下降,2022年下降至1.82吉焦/吨,雪佛龙2016—2022年排名有所上升,由2016年的第7位上升至2022年的第5位,排名处于上升趋势表明雪佛龙在能源效率提升方面取得显著进展,应继续深化策略,保持竞争优势。

挪威国油2016—2017年桶油综合能耗下降,由2016年的2.87吉焦/吨下降至2017年的2.63吉焦/吨,2017—2019年逐年上升,2019年上升至2.66吉焦/吨,之后开始逐年下降,2022年下降至2.11吉焦/吨。挪威国油2016—2022年排名有波动,但总体排名有所上升,由2016年的第10位上升至2022年的第7位,表明公司在初期提高能源效率方面遇到挑战,但后来采取了有效措施,桶油综合能耗有所下降。

赫斯2016—2017年桶油综合能耗下降,由2016年的2.07吉焦/吨下降至2017年的1.93吉焦/吨,2018年上升至2吉焦/吨,2018—2020年开始逐年下降,2020年下降至1.14吉焦/吨,2021年上升至1.36吉焦/吨,2022年下降至1.29吉焦/吨。赫斯2016—2022年排名有所上升,由2016年的第5位上升至2022年的第2位,虽有波动,但整体处于上升趋势,表明赫斯在能源效率提升方面取得了显著进展。

第三章 ▶ 基于对标的定量对标结果分析

壳牌 2016—2022 年桶油综合能耗逐年上升，由 2016 年的 1.02 吉焦/吨上升至 2020 年的 1.15 吉焦/吨，2021 年下降至 1.14 吉焦/吨，2022 年上升至 1.19 吉焦/吨。除 2020 年位于第 2 位之外，壳牌 2016—2022 年排名均位于第 1 位。这表明尽管能耗略有上升，但壳牌的能源利用效率在同行业中仍处于领先地位。壳牌可能需要进一步探索更高效的运营管理模式来应对能耗上升的问题。

英国石油 2016—2017 年桶油综合能耗下降，由 2016 年的 2.28 吉焦/吨下降至 2017 年的 2.02 吉焦/吨，2018 年上升至 2.11 吉焦/吨，2018—2020 年开始逐年下降，2020 年下降至 1.74 吉焦/吨，之后开始逐年上升，2022 年上升至 3.37 吉焦/吨。英国石油 2016—2022 年排名有所下降，由 2016 年的第 8 位下降至 2022 年的第 9 位，这表明尽管公司在早期取得了一些进展，但最近几年可能面临一些挑战，需要制定有效的应对策略。

伍德赛德 2016—2019 年桶油综合能耗逐年上升，由 2016 年的 2.19 吉焦/吨上升至 2019 年的 4.07 吉焦/吨，2020 年下降至 2.03 吉焦/吨，2021 年上升至 4.52 吉焦/吨，2022 年又下降至 3.8 吉焦/吨。伍德赛德 2016—2022 年排名下降明显，由 2016 年的第 6 位下降至 2022 年的第 11 位，波动较大，伍德赛德在能源效率管理方面面临较大挑战，可能需要进行结构性调整并加大技术投资力度。

埃克森美孚 2016—2022 年桶油综合能耗变化幅度不大，在 1.44～1.5 吉焦/吨范围内变化。埃克森美孚 2016—2022 年排名有所下降，由 2016 年的第 2 位下降至 2022 年的第 4 位，可以看出埃克森美孚在维持稳定的能源效率方面表现良好，一直处于中上水平，但还有一定的进步空间，需要进一步提升能源管理水平，以保持领先地位。

中国石化 2016—2019 年桶油综合能耗逐年上升，由 2016 年的 2.43 吉焦/吨上升至2019年的3.61吉焦/吨，2020年下降至2.59吉焦/吨，之后开始逐年上升，2022年上升至2.81吉焦/吨。中国石化2016—2022年排名略微上升，由2016年的第9位上升至2022年的第8位，处于中下水平，应该寻求新策略，保持稳定性并实现突破。

马拉松2016—2019年桶油综合能耗逐年下降，由2016年的8.2吉焦/吨下降至2019年的6.16吉焦/吨，2019—2022年逐年上升，2022年上升至8.03吉焦/吨。马拉松2016—2022年稳定在第12位，近几年指标呈上升趋势，表明马拉松在能源效率提升方面有较大进步空间，但目前仍面临挑战，需要进一步分析能耗上升的原因。

2022年桶油综合能耗排名前三位的对标公司是雪佛龙、埃尼和壳牌，埃尼的桶油综合能耗为1.41吉焦/吨，高于壳牌的1.19吉焦/吨；2022年桶油综合能耗排名后三位的公司是中国石油、伍德赛德和马拉松，这三个对标公司在2022年的桶油综合能耗分别为3.44吉焦/吨、3.8吉焦/吨和8.03吉焦/吨，说明中国石油、伍德赛德和马拉松在减少桶油综合能耗方面还需继续努力。

（四）石油产量增长率

各对标公司2016—2022年石油产量增长率变化情况如图3-6、图3-7所示。

中国石油2016—2019年石油产量增长率处于上升趋势，由2016年的-5.27%上升至2019年的2.13%，2019—2021年有所下降，2021年石油产量增长率为-3.68%，2022年提升至2.06%。2016—2022年排名有所波动，由2016年的第7位提升至2022年的第4位，中国石油的石油产量增长率波动较大，说明公司在应对市场变化和运营挑战方面取得了一定的进展，但仍需进一步调整和优化生产工艺，提高生产效率，并分析市场需求，加强供应链管理，以保持稳定的产量增长。

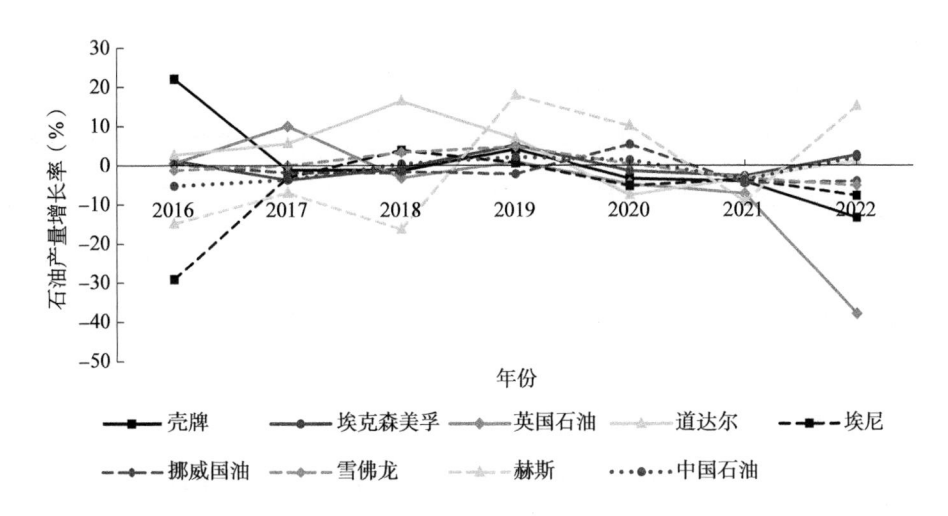

图 3-6 壳牌等 9 家对标公司 2016—2022 年石油产量增长率变化

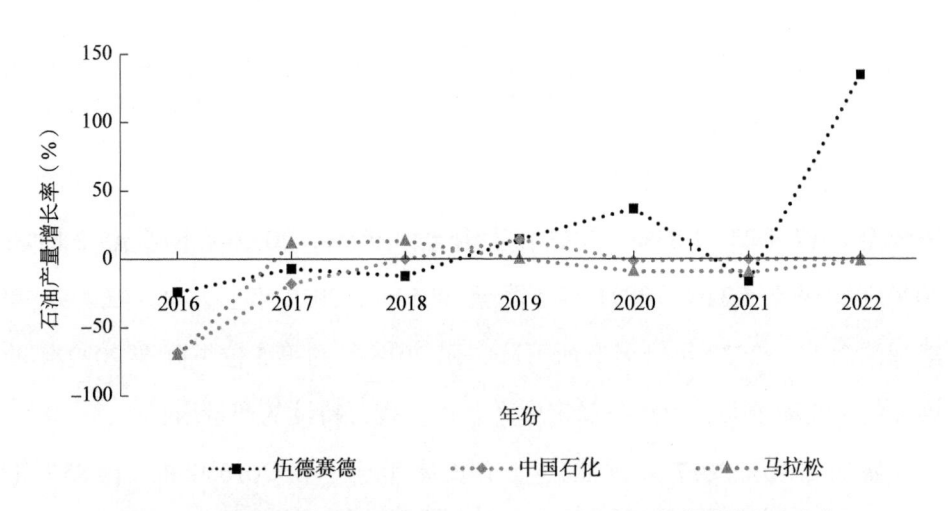

图 3-7 伍德赛德等 3 家对标公司 2016—2022 年石油产量增长率变化

埃尼 2016—2018 年石油产量增长率逐年上升，由 2016 年的 -29.14% 上升至 2018 年的 3.86%，2018—2020 年逐年下降，2020 年下降至 -5.23%，

2021 年上升至 –3.57%，2022 下降至 –7.74%。埃尼 2016—2022 年排名总体稳定，2022 年位于第 10 位，公司在石油产量稳定增长方面面临挑战，应采取相应措施，提高产量稳定性。

道达尔 2016—2018 年石油产量增长率逐年上升，由 2016 年的 2.65% 上升至 2018 年的 16.5%，2018—2020 年逐年下降，2020 年下降至 –7.53%，2022 年上升至 1.28%。道达尔 2016—2022 年排名有所下降，由 2016 年的第 2 位下降至 2022 年的第 5 位。道达尔的石油产量增长率早期增长强劲，但随后出现回落，公司在应对内外部挑战时需更具弹性，应该加强风险管理等，以实现长期稳定增长。

雪佛龙 2016—2019 年石油产量增长率逐年上升，由 2016 年的 –1.26% 上升至 2019 年的 4.77%，之后开始逐年下降，2022 年下降至 –5.14%。雪佛龙 2016—2022 年排名有所下降，由 2016 年的第 6 位下降至 2022 年的第 9 位，可以看出其石油产量增长率先上升后下降，公司可能面临生产和市场方面的压力。

挪威国油 2016—2019 年石油产量增长率逐年下降，由 2016 年的 –0.27% 下降至 2017 年的 –1.85%，2018 年上升至 –1.62%，2019 年下降至 –2.19%，2020 年上升至 5.32%，2021 年下降至 –4.52%，2022 年上升至 –4.04%。挪威国油 2016—2022 年排名有所下降，由 2016 年的第 5 位下降至 2022 年的第 8 位，波动较大，应注重稳定生产，以实现可持续的产量增长。

赫斯 2016—2017 年石油产量增长率上升，由 2016 年的 –14.85% 上升至 2017 年的 –6.98%，2018 年下降至 –16.25%，2019 年又出现上升，2019—2021 年逐年下降，2021 年下降至 –9.20%，2022 年上升至 15.19%。赫斯 2016—2022 年排名上升明显，由 2016 年的第 8 位上升至 2022 年的第 2 位，波动剧烈，2022 年石油产量增长率大幅提升。赫斯应深入分析产量增长率不稳定的原因，提升生产稳定性，并继续努力，以保持领先地位。

壳牌 2016—2018 年石油产量增长率逐年下降，由 2016 年的 22.06% 下降至 2018 年的 -1.35%，2019 年上升至 4.1%，之后开始逐年下降，2022 年下降至 -13.39%。壳牌 2016—2022 年排名下降明显，由 2016 年的第 1 位下降至 2022 年的第 11 位，可以看出壳牌的石油产量增长率经历了明显的下降，表明公司在保持稳定增长方面遇到挑战，公司应重新评估其生产战略，加强创新和技术投资。

英国石油 2016—2017 年石油产量增长率上升，由 2016 年的 0.54% 上升至 2017 年的 10.01%，2018 年下降至 -3.16%，2019 年上升至 1%，之后开始逐年下降，2022 年下降至 -37.87%。英国石油 2016—2022 年排名下降明显，由 2016 年的第 4 位下降至 2022 年的第 12 位，波动较大，尤其在 2022 年出现大幅下降，表明公司在面对市场变化和内部挑战时存在较大压力，公司应寻找原因，制定策略，以应对未来的不确定性。

伍德赛德 2016—2017 年石油产量增长率上升，由 2016 年的 -24.02% 上升至 2017 年的 -7.1%，2018 年出现短暂下降，之后开始逐年上升，2020 年上升至 36.81%，之后开始下降，2021 年下降至 -16.24%，2022 年上升至 134.55%。伍德赛德 2016—2022 年排名显著上升，由 2016 年的第 9 位上升至 2022 年的第 1 位，增储上产成效显著，应继续保持。

埃克森美孚 2016—2022 年石油产量增长率在 -3.71% ~ 5.21% 之间波动，埃克森美孚 2016—2022 年排名虽有波动，但基本稳定在第 3 位，埃克森美孚的石油产量增长率相对稳定，可以看出公司在管理和运营方面具有稳定性，公司应继续保持这一优势。

中国石化 2016—2019 年石油产量增长率逐渐上升，由 2016 年的 -68.32% 上升至 2019 年的 14.14%，2020 年下降至 -1.41%，之后开始逐年上升，2022年上升至0.39%。中国石化2016—2022年排名上升明显，由2016年的第11位上升至2022年的第6位，中国石化的石油产量增长率虽然波动较大，但总体趋势向好，应继续加强生产管理，以实现稳定的增长并提升竞争力。

马拉松2016—2018年石油产量增长率逐年上升，由2016年的–70.10%上升至2018年的13.24%，2018—2021年逐年下降，2021年下降至–10%，之后开始逐年上升，2022年上升至–1.59%。马拉松2016—2022年排名明显上升，由2016年的第12位上升至2022年的第7位。可以看出马拉松石油产量增长率有所波动，但总体有所提升，公司应继续优化生产流程，提升技术水平，实现排名突破。

2022年石油产量增长率排名前三位的对标公司是伍德赛德、赫斯和埃克森美孚，伍德赛德的石油产量增长率为134.55%，赫斯为15.19%，埃克森美孚为2.64%；2022年石油产量增长率排名后三位的公司是埃尼、壳牌和英国石油，这三个对标公司在2022年的石油产量增长率分别为–7.74%、–13.39%和–37.87%，埃尼、壳牌和英国石油在石油产量提升管理方面还需继续努力。

（五）天然气产量增长率

各对标公司2016—2022年天然气产量增长率变化情况如图3–8、图3–9所示。

中国石油2016—2017年天然气产量增长率由2016年的4.58%下降至2017年的4.55%，2017—2019年逐年上升，2019年上升至8.33%，2019—2021年逐年下降，2021年下降至4.71%，2022年上升至5.77%，中国石油2016—2022年排名有所上升，由2016年的第6位上升至2022年的第3位，中国石油在提升天然气产量增长率方面取得了一定进展，并且排名靠前，应继续努力，减少波动，实现稳定增长。

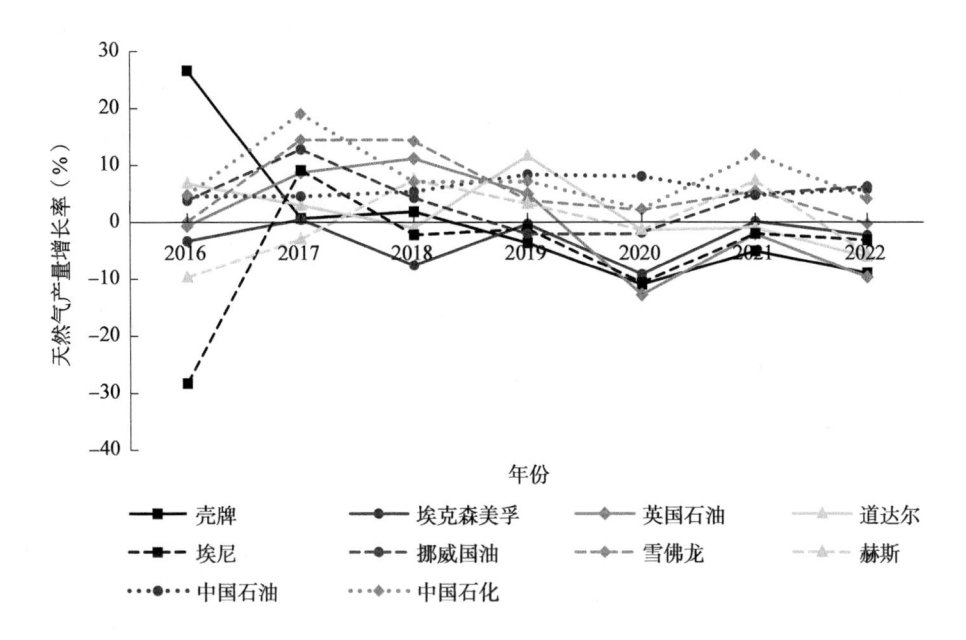

图 3-8　壳牌等 10 家对标公司 2016—2022 年天然气产量增长率变化

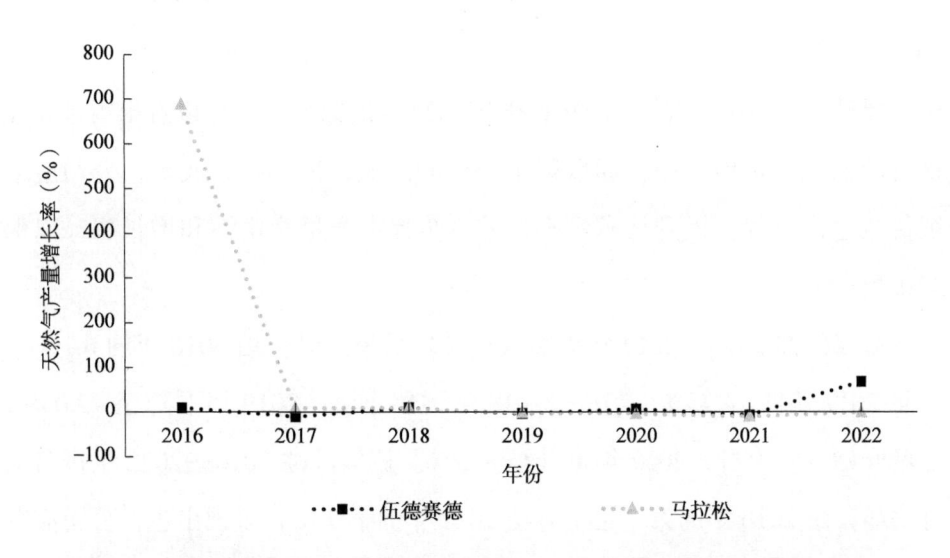

图 3-9　伍德赛德与马拉松 2 家对标公司 2016—2022 年天然气产量增长率变化

埃尼2016—2018年天然气产量增长率逐年上升，由2016年的–28.29%上升至2018年的9.10%，2018年下降至–2.20%，2019年上升至–1.18%，2020年下降至–10.66%，2021年上升至–2.01%，2022年下降至–3.15%。埃尼2016—2022年排名上升明显，由2016年的第12位上升至2022年的第8位，埃尼在提升天然气产量增长率方面有一定的进步，但长期处于负增长，公司应寻求优化策略，学习其他优秀公司经验。

道达尔2016—2018年天然气产量增长率逐年下降，由2016年的6.84%下降至2018年的–0.95%，2019年上升至11.63%，2020年下降至–1.34%，2021年上升至–0.9%，2022年下降至–6.13%。道达尔2016—2022年排名下降明显，由2016年的第4位下降至2022年的第10位，可以看出其天然气增长率波动较大，近几年天然气产量增长率有所下降，公司应寻找原因并制定针对性策略。

雪佛龙2016—2017年天然气产量增长率上升，由2016年的0.1%上升至2017年的14.45%，2017—2020年逐年下降，2020年下降至2.14%，2021年上升至5.51%，2022年下降至–0.25%。雪佛龙2016—2022年排名有所提升，由2016年的第8位上升至2022年的第5位，可以看出雪佛龙在提升天然气产量增长率方面取得了一定的进展，但仍存在波动，公司应继续优化生产流程，提升技术水平，进一步提高产量稳定性和增长率，以保持市场竞争力。

挪威国油2016—2017年天然气产量增长率上升，由2016年的6.1%上升至2017年的14.45%，2017—2019年逐年下降，2019年下降至–2.05%，之后开始逐年上升，2022年上升至6.24%。挪威国油2016—2022年排名上升明显，由2016年的第7位上升至2022年的第2位，表现出色，公司应继续优化生产策略，确保产量增长的稳定性，以巩固其领先地位。

赫斯 2016—2018 年天然气产量增长率逐年上升，由 2016 年的 -9.65% 上升至 2018 年的 7.5%，2018—2020 年逐年下降，2020 年下降至 -1.35%，2021 年升高至 7.31%，2022 年下降至 -5.53%。赫斯 2016—2022 年排名有所上升，由 2016 年的第 11 位上升至 2022 年的第 9 位，有所波动，应寻找产量下降原因，制定优化策略，提升稳定性。

壳牌 2016—2017 年天然气产量增长率下降，由 2016 年的 26.61% 下降至 2017 年的 0.68%，2018—2020 年逐年下降，2020 年下降至 -11.02%，2021 年略微上升，2022 年下降至 -8.97%。壳牌 2016—2022 年排名下降明显，由 2016 年的第 2 位下降至 2022 年的第 11 位，可以看出壳牌的天然气产量增长率明显下降，公司在保持稳定增长方面面临挑战，公司应重新评估生产和管理策略，加强技术创新。

英国石油 2016—2018 年天然气产量增长率逐年上升，由 2016 年的 -0.65% 上升至 2018 年的 11.17%，2018—2020 年逐年下降，2020 年下降至 -12.79%，2021 年上升至 -2.03%，之后开始下降，2022 年为 -9.67%。英国石油 2016—2022 年天然气产量增长率排名有所下降，由 2016 年的第 9 位下降至 2022 年的第 12 位，存在大幅波动，尤其在 2020 年之后下降明显。公司应加强市场分析和风险管理，积极应对市场变化和挑战，以实现稳定增长。

伍德赛德 2016—2017 年天然气产量增长率下降，由 2016 年的 9.05% 下降至 2017 年的 -10.38%，2018 年上升至 9.36%，2019 年下降至 -3.99%，2020 年上升至 5.64%，2021 年下降至 -7%，2022 年上升至 67.16%。伍德赛德的 2016—2022 年排名波动较大，整体有所上升，由 2016 年的第 3 位上升至 2022 年的第 1 位，整体来看处于领先地位，天然气产量增长率显著提升，应继续努力，以巩固其领先地位。

埃克森美孚 2016—2022 年天然气产量增长率在 -9.15% ~ 0.48% 之间

波动。埃克森美孚2016—2022年排名有所上升，由2016年的第10位上升至2022年的第8位，整体来看排名有所提升，并且波动较小，显示出一定的稳定性，应继续优化生产流程，提升技术水平，确保稳定的产量增长，以保持市场竞争力。

中国石化2016—2022年天然气产量增长率在2.34%~19.11%之间波动。中国石化在2016—2022年排名略微上升，由2016年的第5位上升至2022年的第4位，中国石化在天然气产量增长率方面表现稳定，显示出较强的增长潜力，应保持上升趋势，进一步提高市场竞争力。

马拉松2016—2017年天然气产量增长率显著下降，由2016年的687.76%下降至2017年的9.33%，2017—2022年天然气产量增长率在-10.09%~9.33%之间波动。马拉松2016—2022年排名显著下降，由2016年的第1位下降至2022年的第6位，应继续努力，实现排名突破。

2022年天然气产量增长率排名前三位的对标公司是伍德赛德、挪威国油和中国石油，伍德赛德的天然气产量增长率为67.16%，挪威国油为6.24%；2022年天然气产量增长率排名后三位的公司是道达尔、壳牌和英国石油，这三个对标公司在2022年的天然气产量增长率分别为-6.13%、-8.97%和-9.67%，道达尔、壳牌和英国石油在天然气产量变化管理方面还需继续努力。

（六）储量替代率

各对标公司2016—2022年的储量替代率变化情况如图3-10和图3-11所示。

中国石油2016—2018年储量替代率逐年上升，由2016年的39.62%上升至2018年的106%，2018—2020年逐年下降，2020年下降至-23.91%，2021年上升至137.21%，2022年下降至106.56%。中国石油2016—2022年

第三章 ▶ 基于对标的定量对标结果分析

排名有所上升，由 2016 年的第 9 位上升至 2022 年的第 5 位，波动较大，说明其在资源开发和储量补充方面存在不稳定因素，应加强勘探和开发投入，以确保储量替代率的稳定增长，从而提高长期竞争力。

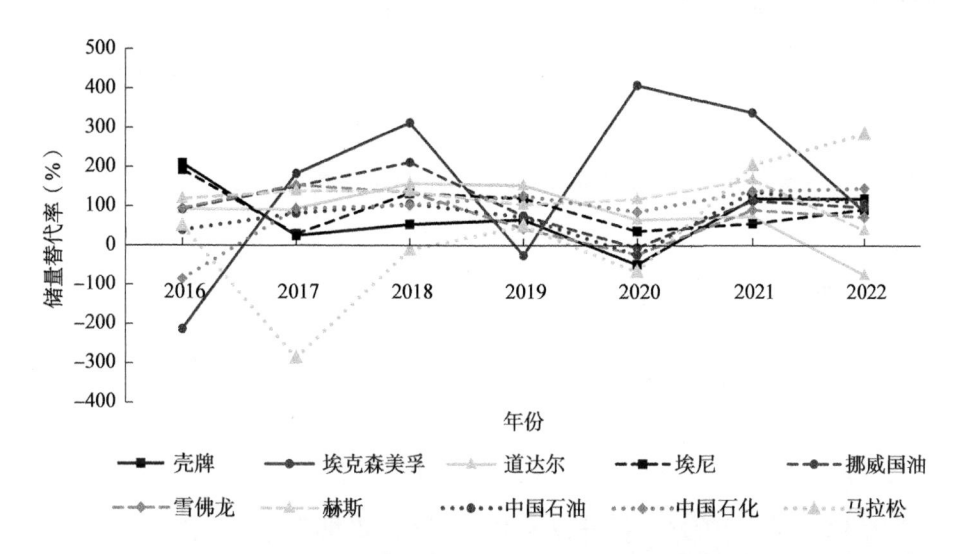

图 3-10 壳牌等 10 家对标公司 2016—2022 年储量替代率变化

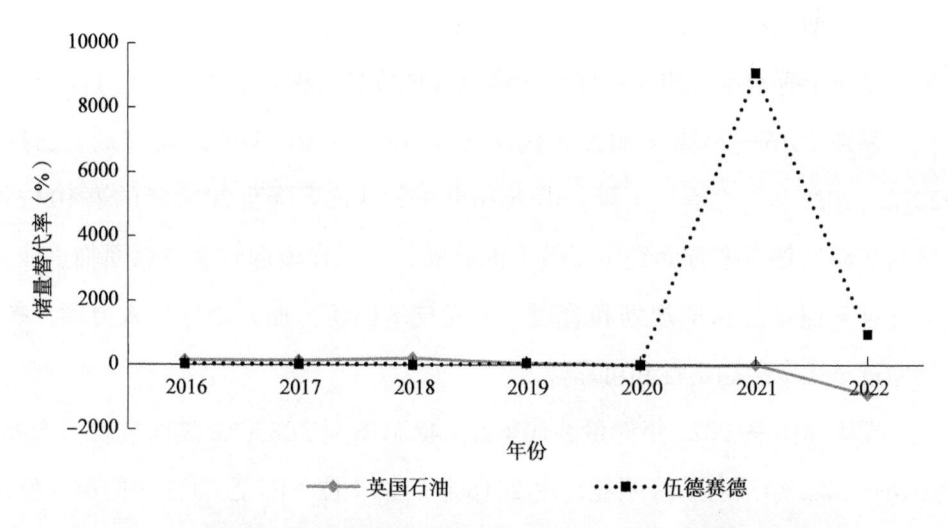

图 3-11 英国石油与伍德赛德 2 家对标公司 2016—2022 年储量替代率变化

埃尼 2016—2022 年储量替代率在 29.75% ~ 192.56% 之间波动。埃尼在 2016—2022 年排名有所下降，由 2016 年的第 2 位下降至 2022 年的第 7 位，排名大幅下降，应寻找原因，进一步优化勘探和开发策略，加强技术创新和风险管理，以提高储量替代率的稳定性和可持续性。

道达尔 2016—2018 年储量替代率逐年上升，由 2016 年的 92.85% 上升至 2018 年的 158.44%，2018—2020 年逐年下降，2020 年下降至 66.78%，2021 年上升至 74.5%，2022 年下降至 –74.74%。道达尔 2016—2022 年排名有所下降，由 2016 年的第 6 位下降至 2022 年的第 11 位，道达尔应重视资源管理和技术创新的有效性。

雪佛龙 2016—2022 年储量替代率在 –22.33% ~ 154.45% 之间波动。雪佛龙 2016—2022 年排名有所下降，由 2016 年的第 5 位下降至 2022 年的第 9 位，排名大幅下降，说明其在资源开发和储量补充方面存在不确定性，公司应优化资源管理策略，提升技术水平，努力实现排名回升。

挪威国油 2016—2022 年储量替代率在 –4.93% ~ 211.88% 之间波动。挪威国油 2016—2022 年排名波动较大，但整体趋于稳定，2022 年位于第 6 位，处于中等水平，应制定优化策略以实现排名突破。

赫斯 2016—2022 年储量替代率在 40.12% ~ 168.57% 之间波动。赫斯 2016—2022 年排名有所下降，由 2016 年的第 4 位下降至 2022 年的第 10 位。赫斯在储量替代率方面经历了较大的波动，公司在资源管理方面面临挑战，应加强对储量的长期规划和管理，加强技术创新，加大勘探投入力度，提升储量替代率的稳定性和可靠性。

壳牌 2016—2022 年储量替代率在 –48.51% ~ 208.82% 之间波动，壳牌 2016—2022 年排名下降明显，由 2016 年的第 1 位下降至 2022 年的第 4 位，指标值波动较大，排名有所下降，公司应重新评估其现有方案，提高储量替代率的稳定性，重回市场领先地位。

英国石油 2016—2022 年储量替代率在 –910.88% ~ 209.16% 之间波动。英国石油 2016—2022 年排名下降明显，由 2016 年的第 3 位下降至 2022 年的第 12 位。英国石油在储量替代率方面的巨大波动表明其面临较大的挑战，应加强风险管理和资源开发策略，恢复其市场竞争力。

伍德赛德 2016—2022 年储量替代率在 –6.21% ~ 9075.3% 之间波动。伍德赛德 2016—2022 年排名上升明显，由 2016 年的第 10 位上升至 2022 年的第 1 位，有显著的上升趋势，表明公司在资源开发和储量补充方面取得了重大进展，应继续保持这一积极趋势，进一步优化勘探和开发策略。

埃克森美孚 2016—2022 年储量替代率在 –213.18% ~ 408.73% 之间波动，埃克森美孚 2016—2022 年排名显著上升，由 2016 年的第 12 位上升至 2022 年的第 8 位，波动较大，但排名相对稳定，公司应优化勘探策略，提高储量替代率的稳定性。

中国石化 2016—2022 年储量替代率在 –85.13% ~ 146.19% 之间波动。中国石化 2016—2022 年排名上升明显，由 2016 年的第 11 位上升至 2022 年的第 3 位。中国石化在储量替代率方面有显著进步，表明公司在资源开发和储量补充方面取得了显著成效，应继续努力。

马拉松 2016—2022 年储量替代率在 –285.52% ~ 284.8% 之间波动，2016—2022 年排名上升明显，由 2016 年的第 8 位上升至 2022 年的第 2 位，指标值增长明显，排名进步显著，应保持增长势头。

2022 年储量替代率排名前三位的对标公司是伍德赛德、马拉松和中国石化，伍德赛德的储量替代率为 950.9%，中国石化为 146.19%；2022 年储量替代率排名后三位的公司是赫斯、道达尔和英国石油，这三个对标公司在 2022 年的储量替代率分别为 40.12%、–74.74% 和 –910.88%，赫斯、道达尔和英国石油在储量管理方面还需继续努力。

(七) 储采比

各对标公司 2016—2022 年储采比变化情况如图 3-12 所示。

中国石油 2016—2020 年储采比逐年下降，由 2016 年的 14.02 年下降至 2020 年的 11.04 年，2021 年上升至 11.42 年，2022 年下降至 11.07 年，中国石油 2016—2022 年储采比排名趋于稳定，多数年份位于第 4 位。中国石油的储采比近年来保持稳定，但总体呈现轻微下降的趋势，这表明公司需要加大储量开发力度，提升生产效率，确保资源的可持续利用和长期稳定的生产能力。

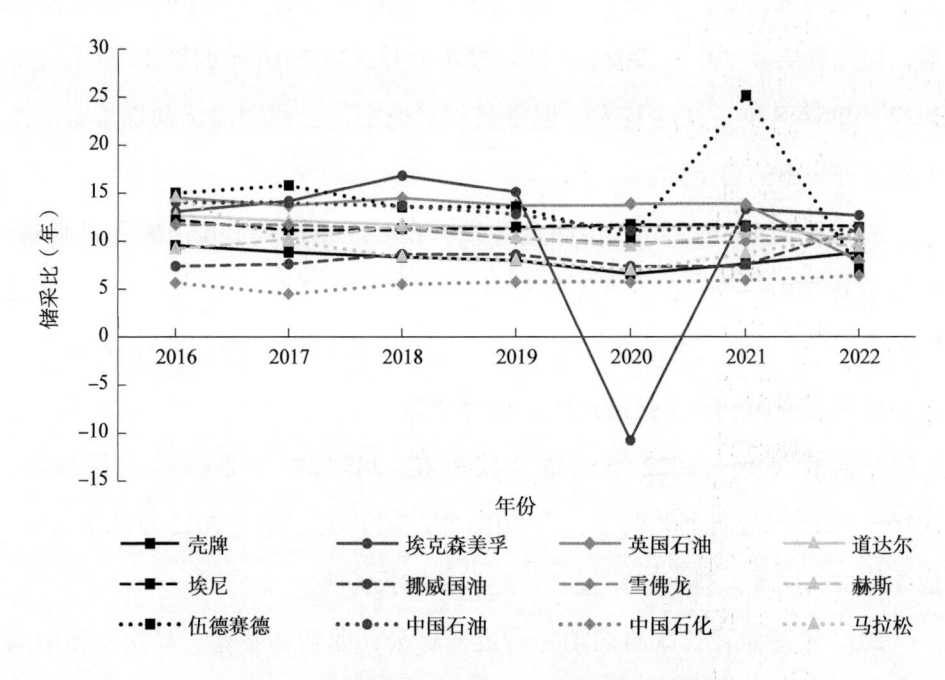

图 3-12 各对标公司 2016—2022 年储采比变化

第三章 ▶ 基于对标的定量对标结果分析

埃尼 2016—2017 年储采比下降，由 2016 年的 12.17 年下降至 2017 年的 11.13 年，2017—2020 年开始逐年上升，2020 年上升至 11.7 年，之后逐年下降，2022 年下降至 11.4 年。埃尼 2016—2022 年排名上升明显，由 2016 年的第 7 位上升至 2022 年的第 2 位。可以看出其指标值有所波动，总体保持稳定，这表明公司在勘探开发上取得突破。

道达尔 2016—2019 年储采比逐年下降，由 2016 年的 12.67 年下降至 2019 年的 11.34 年，2020 年上升至 11.59 年，2021 年保持稳定，2022 年下降至 10.08 年。道达尔 2016—2022 年排名略微下降，由 2016 年的第 6 位下降至 2022 年的第 7 位，总体表现较稳定，公司应继续加强储量开发管理和生产管理，确保储采比的长期稳定性和资源的可持续性。

雪佛龙 2016—2020 年储采比逐年下降，由 2016 年的 11.71 年下降至 2020 年的 9.86 年，之后开始逐年上升，2022 年上升至 10.25 年。雪佛龙 2016—2022 年排名有所上升，由 2016 年的第 8 位上升至 2022 年的第 6 位，处于中等水平，应该制定优化策略，以实现排名突破。

挪威国油 2016—2018 年储采比逐年上升，由 2016 年的 7.4 年上升至 2018 年的 8.64 年，2018—2020 年储采比逐年下降，2020 年下降至 7.38 年，之后逐年上升，2022 年上升至 11.25 年。挪威国油 2016—2022 年排名上升明显，由 2016 年的第 11 位上升至 2022 年的第 3 位，挪威国油的储采比整体上呈现上升趋势，表明公司在储量开发和生产管理方面取得了显著进展，应继续保持这一积极态势。

赫斯 2016—2018 年储采比逐年上升，由 2016 年的 9.21 年上升至 2018 年的 11.59 年，2018—2020 年逐年下降，2020 年下降至 9.47 年，2021 年上升至 10.85 年，2022 年下降至 9.36 年。赫斯 2016—2022 年排名有所上升，由 2016 年的第 10 位上升至 2022 年的第 8 位，储采比整体来看较稳定，但从排名来看处于中下水平,应继续努力。

壳牌2016—2020年储采比逐年下降,由2016年的9.55年下降至2020年的6.59年,之后开始逐年上升,2022年上升至8.78年。壳牌2016—2022年排名趋于稳定,2016年和2022年均位于第9位,可以看出在经历了持续下降后,壳牌的储采比有所回升,这表明公司在储量管理和生产方面取得了一定的进展,未来应进一步优化资源开发策略。

英国石油2016—2017年储采比下降,由2016年的14.52年下降至2017年的13.72年,2018年上升至14.51年,2019年下降至13.72年,2020年又上升至13.88年,之后逐年下降,2022年下降至7.91年。英国石油2016—2022年排名下降明显,由2016年的第3位下降至2022年的第10位,排名下降幅度较大,特别是在2021年出现显著下降,这表明公司可能面临重大挑战,应积极应对,寻找下降原因。

伍德赛德2016—2017年储采比上升,由2016年的14.99年上升至2017年的15.8年,2017—2020年储采比逐年下降,2020年下降至10.37年,2021年上升至25.16年,2022年下降至7.07年。伍德赛德2016—2022年排名有所下降,由2016年的第8位下降至2022年的第11位,储采比总体呈下降趋势,公司需要在储量评估和生产规划上制定策略。

埃克森美孚2016—2018年储采比逐年上升,由2016年的13.07年上升至2018年的16.84年,2018—2020年开始逐年下降,2020年下降至−10.75年,2021年上升至13.31年,2022年下降至12.65年。埃克森美孚2016—2022年排名上升明显,由2016年的第5位上升至2022年的第1位,说明公司在资源管理方面表现较好,应重视并提升储量开发能力,关注储采比的稳定性。

中国石化2016—2022年储采比基本维持在4.52年~6.39年,中国石化 2016—2022 年排名基本稳定，除 2020 年位于第 11 位，其余年份位于第 12 位，储采比整体来看比较稳定，但处于较低水平，应该向优秀公司借鉴经验，努力缩小与国际领先公司的差距。

马拉松 2016—2020 年储采比逐年下降，由 2016 年的 14.56 年下降至 2020 年的 6.94 年，之后开始逐年上升，2022 年上升至 10.7。马拉松 2016—2022 年排名有所下降，由 2016 年的第 2 位下降至 2022 年的第 5 位，公司应采取有效措施，扭转下降趋势。

2022 年储采比排名前三位的对标公司是埃克森美孚、埃尼和挪威国油，埃尼的储采比为 11.4 年，挪威国油为 11.25 年；2022 年储采比排名后三位的公司是英国石油、伍德赛德和中国石化，这三个对标公司在 2022 年的储采比分别为 7.91 年、7.07 年和 6.39 年，说明英国石油、伍德赛德和中国石化在储采比方面还需继续努力。

二、效率效益维度对标分析

基于综合评价方法，对比分析 12 家对标石油公司效率效益维度在 2016—2022 年的表现及变化，如图 3-13 所示。

从效率效益维度排名来看，中国石油 2016—2022 年排名波动较大，2016—2017 年排名下降，由 2016 年的第 3 位下降至 2017 年的第 11 位，2018 年稳定在第 11 位，2018—2020 年排名有所上升，2020 年上升至第 3 位，2021 年又下降至第 10 位，2022 年稳定在第 10 位。中国石油在效率效益维度排名较低，主要原因是营业收入增长率、人均产量和全员劳动生产率较低。

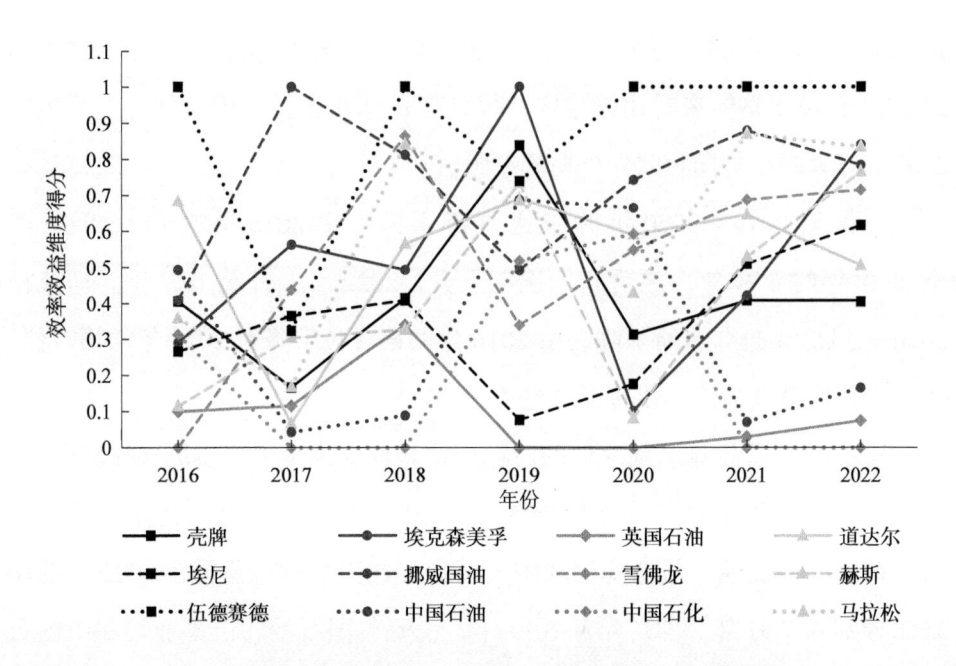

基于对标分析的石油公司价值创造研究

图 3-13　各对标公司 2016—2022 年效率效益维度表现评价

中国石化 2016—2022 年排名波动较大，2016—2017 年排名有所下降，由 2016 年的第 7 位下降至 2017 年的第 12 位，2018 年保持在第 12 位，2018—2020 年排名有所上升，2020 年提升至第 4 位，2021 年下降至第 12 位，2022 年稳定在第 12 位。中国石化在效率效益指标排名垫底的主要原因是人均产量和全员劳动生产率较低，应通过技术革新和流程优化来提高生产效率，同时应重视员工技能的提升，制定并实施激励机制，改善劳动生产率。

壳牌 2016—2022 年排名基本稳定，2016—2017 年排名有所下降，由 2016 年的第 5 位下降至 2017 年的第 8 位，2017—2019 年排名有所上升，2019 年提升至第 2 位，2020 年下降至第 8 位，2021 年下降至第 9 位，2022 年稳定在第 9 位。壳牌近几年排名下降，主要是因为净利润增长率和全员劳动生产率下降幅度较大，应注意提高流动比率，并通过多元化业务布局和技术创新提升净利润增长率和生产效率。

英国石油 2016—2022 年排名虽有波动，但基本保持稳定。2016—2017 年排名有所提升，由 2016 年的第 11 位上升至 2017 年的第 9 位，2018 年保持在第 9 位，2019 年又下降至第 12 位，2020 年保持在第 12 位，2021 年上升至第 11 位，2022 年保持在第 11 位。英国石油可以在较为薄弱的净利润增长率和人均净利润方面寻求突破，减少成本，提高净利润。

埃克森美孚 2016—2022 年排名提升明显，2016—2017 年排名上升，由 2016 年的第 8 位提升至 2017 年的第 2 位，2018 年下降至第 6 位，2019 年上升至第 1 位，2020 年下降至第 10 位。之后排名提升，2022 年提升至第 2 位，2020 年排名波动较大，主要是因为当年营业利润率最低，2022 年的营业收入增长率上升明显。

埃尼 2016—2022 年排名有所波动，2016—2017 年排名有所上升，由 2016 年的第 9 位上升至 2017 年的第 4 位，2017—2019 年排名下降，2019 年位于第 11 位，之后开始上升，2021 年上升至第 7 位，2022 年稳定在第 7 位。可以看出埃尼近两年的排名处于中等水平，还需继续努力。

挪威国油 2016—2022 年排名有所波动，2016—2017 年排名提升，由 2016 年的第 4 位上升至 2017 年的第 1 位，之后开始下降，2018 年降至第 4 位，2019 年下降至第 9 位，2020 年上升至第 2 位，2021 年稳定在第 2 位，2022 年下降至第 4 位。挪威国油在效率效益方面表现较好，尤其是流动比率和全员劳动生产率指标表现较好。

雪佛龙 2016—2022 年排名整体上升，2016—2018 年排名逐年上升，由 2016 年的第 12 位上升至 2018 年的第 2 位，2019 年短暂下降至第 10 位，之后开始上升，2021 年上升至第 4 位，2022 年下降至第 6 位，雪佛龙应注意保持效率效益方面的稳定性，积极寻找突破点。

赫斯2016—2022年排名呈上升趋势，2016—2017年排名由第10位上升至第6位，2018年下降至第10位，2019年又上升至第4位，2020年又下降至第11位，2020—2022年排名上升，由2020年的第11位上升至2022年的第5位。赫斯在效率效益方面表现较好，营业利润率是其相对薄弱的指标，因此应加强成本控制并提高利润率，以巩固其在效率效益方面的优势。

伍德赛德2016—2022年排名有所波动，2016—2017年排名下降明显，由2016年的第1位下降至2017年的第5位，2018年提升至第1位，2019年又下降至第3位，2020—2022年位于第1位。伍德赛德近几年排名有所上升的主要原因是资本性支出增长率上升幅度较大。

道达尔2016—2022年排名有所下降，2016—2017年排名下降明显，由2016年的第2位下降至2017年的第10位，2018—2021年排名有所上升，2020年提升至第6位，2021年位于第5位。2022年排名位于第8位。道达尔的排名相对稳定，但排名较低，应进一步提升生产效率，优化资源配置，并通过创新和技术升级提高整体效益。

马拉松2016—2022年排名略有提升，2016年位于第6位，2017年、2019年和2020年均位于第7位，2018年、2021年和2022年均位于第3位。可以看出马拉松在效率效益方面表现较好，尤其是人均产量指标表现优异，近几年排名一直位于第1位，而且人均净利润指标显著提升，排名从第12位上升至第1位，马拉松可以通过持续创新和优化运营来巩固其竞争优势。

总体来看，伍德赛德在效率效益方面一直稳居前列，赫斯的效率效益总体呈现上升的趋势，英国石油、中国石化与中国石油在效率效益方面还

第三章 ▶ 基于对标的定量对标结果分析

有较大的提升空间。

（一）资本性支出增长率

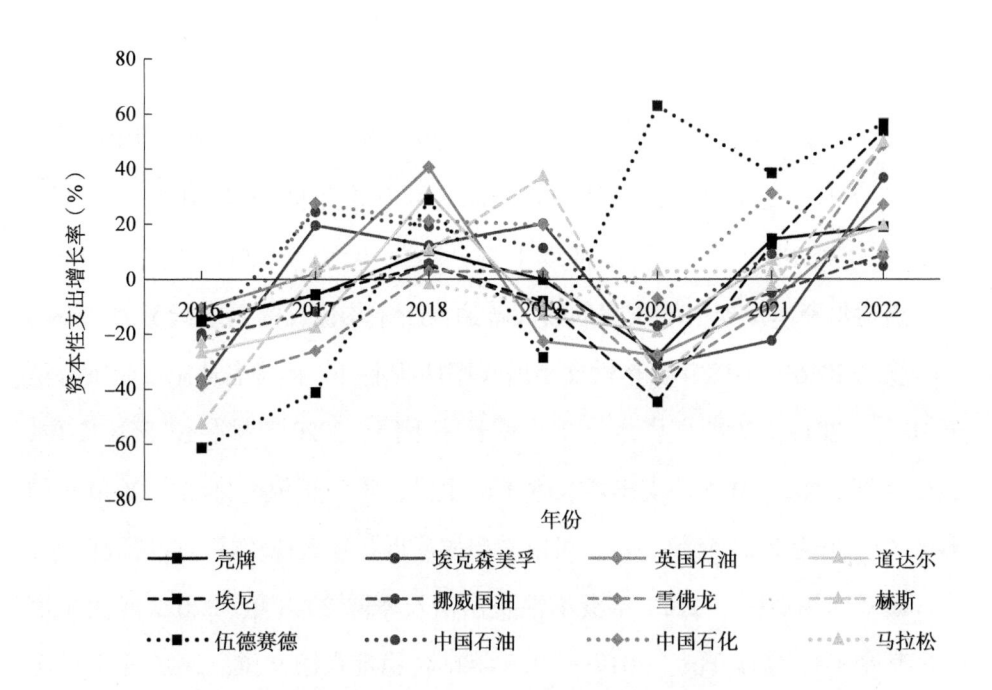

各对标公司2016—2022年资本性支出增长率变化情况如图3-14所示。

壳牌2016—2018年资本性支出增长率呈增长趋势，由2016年的-15.37%增长至2018年的10.39%，但排名有所下降，从2016年的第3位下降至2018年的第8位，2019年和2020年资本性支出增长率为负值，2021年和2022年资本性支出增长率持续上升，2022年为18.95%，位于第8位。可以看出壳牌的资本性支出增长率波动较大，在高增长期，尽管增长率上升，但同行公司表现更为突出，导致排名下降，这表明壳牌在资本支出上需要更加稳定的策略，以应对市场竞争。

图3-14 各对标公司2016—2022年资本性支出增长率变化

埃克森美孚2016年资本性支出增长率为–37.83%，位于第9位，2017年增长率为正值，排名位于第3位，2018—2019年呈增长趋势，排名由第6位上升至第2位，2020年资本性支出增长率下降至–31.38%，排名位于第9位，2020—2022年资本性支出增长率呈增长趋势，2022年增长至36.81%，2022年排名位于第5位。埃克森美孚的排名波动较大，需要稳定资本支出增长率，通过实施有效的投资规划，不断提升公司在市场中的竞争力。

英国石油的资本性支出增长率变化幅度比较大，2016年资本性支出增长率为负值，2018年上升至40.63%，排名位于第1位。2019—2021年资本性支出增长率为负值，2022年上升至27.1%。2020—2021年排名下降，由第7名下降至第10名，2022年位于第6位。英国石油的排名波动较大，公司需要实施更稳定的资本支出策略以保持竞争力。

道达尔2016年和2017年资本性支出增长率均为负值，2018年显著上升，为31.3%，2016年排名位于第7位，2018年上升至第2位，2019年和2020年资本性支出增长率持续下降，2019年排名下降至第10位，2021年和2022年资本性支出增长率持续上升，2022年为19.37%，排名位于第7位。道达尔资本性支出增长率的数值普遍低于平均值，需要继续努力。

埃尼2016—2018年资本性支出增长率持续上升，但排名从第2位下降至第10位，2019—2020年资本性支出增长率下降，2020年排名位于第12位，2021年和2022年资本性支出增长率不断上升，均为正值。排名由2020年的第12位上升至2022年第2位，可以看出埃尼近几年表现较好，应继续保持。

挪威国油2016—2022年资本性支出增长率除2018年和2022年为正值外，其余年份均为负值。2017—2019年排名稳定在第9位，2020年上升至第4位，2020—2022年排名不断下降，2022年位于第10位。负增长年份反映了公司的保守投资策略，而正增长年份则反映了公司的积极投资策略，近年来挪威国油的表现低于中等水平,应进一步优化资本支出策略。

雪佛龙 2016—2022 年资本性支出增长率除 2018 年、2019 年和 2022 年为正值外,其余年份均为负值,2017 年、2018 年、2020 年和 2021 年排名稳定在第 11 位,2022 年排名上升至第 4 位。可以看出雪佛龙的排名相对稳定,但大多数年份的资本性支出增长率远低于平均值,需在投资策略上寻求突破。

赫斯 2016—2019 年资本性支出增长率不断上升,排名总体上不断上升,由 2016 年的 11 位上升至 2019 年的第 1 位,2020 年下降至 –35.46%,排名下降至第 10 位。2020—2022 年资本性支出增长率不断上升,排名也不断上升,2022 年位于第 3 位。可以看出赫斯近年来资本性支出增长率进步较大。

伍德赛德 2016—2018 年资本性支出增长率持续上升,由第 12 位上升至第 3 位,2019 年下降至 –28.54%,排名下降至第 12 位,2020 年为 62.9%,排名上升至第 1 位,2021—2022 年排名保持在第 1 位。伍德赛德在资本性支出增长率方面表现突出,应通过合理规划和高效执行,巩固这一优势,以实现资本投资效益的最大化。

中国石油 2016—2017 年指标值上升,排名由 2016 年的第 4 位上升至 2017 年的第 2 位,2018—2020 年指标值下降至 –17.2%,2019—2022 年排名不断下降,2022 年位于第 12 位。近几年中国石油的资本性支出增长率远低于平均值,应努力寻求突破。

中国石化 2016—2017 年指标值上升,排名由第 8 位上升至第 1 位,2018 年指标值下降,排名下降至第 4 位,2019 年指标值下降,排名位于第 3 位,2020 年指标值下降,排名无变化,2021 年指标值大幅上升至 31.22%,排名上升至第 2 位,2022 年指标值下降,排名下降至第 11 位。中国石化的资本性支出增长率波动幅度较大,2022 年排名靠后,应加强资本性支出管理。

马拉松 2016—2017 年指标值上升，由 –23.18% 上升至 6.11%，排名由第 6 位上升至第 4 位，2017—2019 年指标值下降，由 6.11% 下降至 –9.66%，排名由第 4 位下降至第 8 位，2019—2022 年整体呈上升趋势，由 –9.66% 上升至 12.11%，排名由 2019 年的第 8 位先上升至 2020 年的第 2 位，后又下降至 2022 年的第 9 位。马拉松的资本性支出增长率变化反映了公司在不同年份投资策略的变化，需在投资策略上保持稳定。

2022 年资本性支出增长率排名前三位的公司为伍德赛德、埃尼和赫斯，这三家公司的资本性支出增长率分别为 56.4%、53.90% 和 49.97%；2022 年资本性支出增长率排名后三位的是挪威国油、中国石化和中国石油，指标值分别为 8.93%、8.08% 和 4.83%。

（二）营业收入增长率

各对标公司 2016—2022 年营业收入增长率变化情况如图 3-15 和图 3-16 所示。

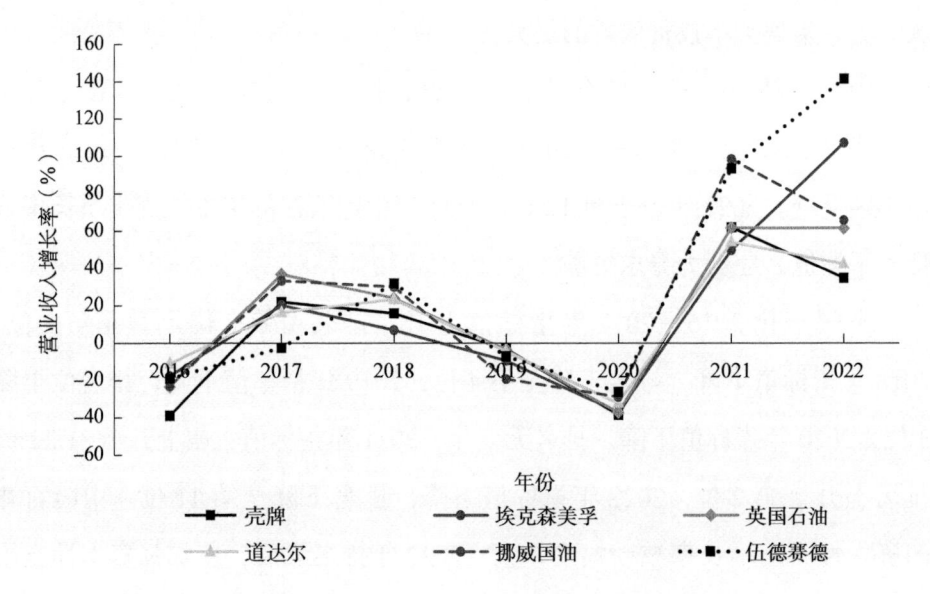

图 3-15 壳牌等 6 家对标公司 2016—2022 年营业收入增长率变化

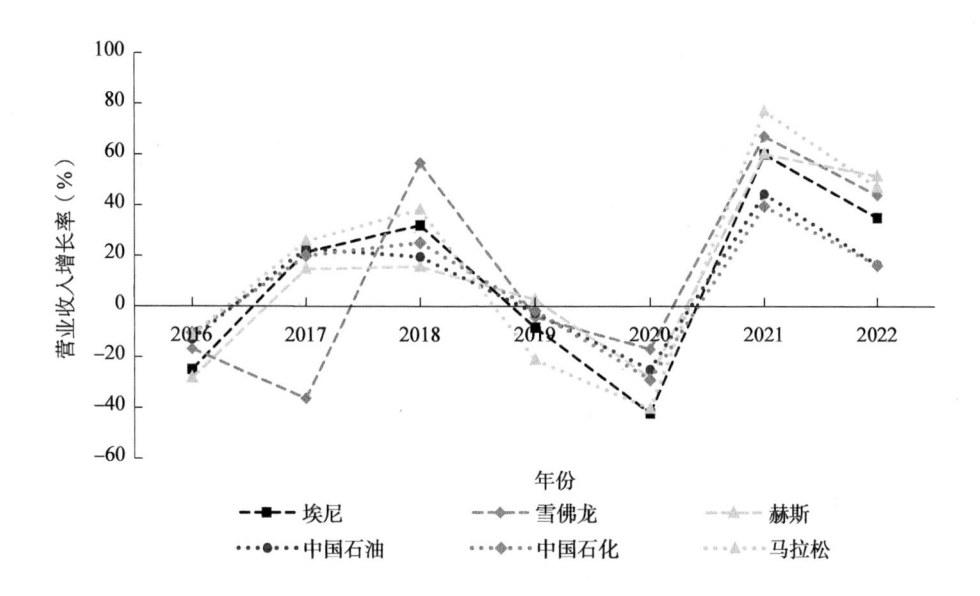

第三章 ▶ 基于对标的定量对标结果分析

图 3-16 埃尼等 6 家对标公司 2016—2022 年营业收入增长率变化

2016—2017 年壳牌营业收入增长率呈增长趋势，排名由第 12 位上升到第 5 位，2018 年指标值下降至 15.9%，2019—2020 年指标值逐渐下降，2020 年达到 -38.6%，排名下降至第 10 位，2021 年指标值上升至 61.98%，排名上升至第 5 位，2022 年指标值下降，排名下降至第 10 位。壳牌的营业收入增长率波动较大，尽管在个别年份有所增长，整体的波动性较强，说明其需要更稳定的市场策略。

埃克森美孚 2016 年营业收入增长率为 -17.56%，排名位于第 6 位，2017 年上升至 20.31%，排名下降至第 9 位，2018—2020 年营业收入增长率持续下降，但排名从 2018 年的第 12 位上升至 2020 年的第 8 位，2021 年和 2022 年营业收入增长率不断上升，2022 年达到 107.2%，位于第 2 位。可以看出埃克森美孚 2021 年和 2022 年营业收入增长率增长显著，2022 年表现突出，但整体起伏较大。

英国石油 2016 年和 2017 年营业收入增长率呈增长趋势，由 2016 年的 –23.24% 提升到 2017 年的 36.92%，排名从第 9 位提升至第 1 位，2018—2020 年营业收入增长率不断下降，2020 年为 –37.25%，排名位于第 9 位，2021 年增长至 61.88%，位于第 6 位，2022 年排名上升至第 4 位。可以看出英国石油的营业收入增长率在 2017 年有显著提升，但随后几年下降明显，公司在保持增长的同时，应提高应对市场波动的能力。

道达尔 2016 年营业收入增长率为 –10.81%，2017 年和 2018 年有所增长，2016 年排名位于第 2 位，2017 年位于第 9 位，2019 年和 2020 年营业收入增长率下降，2020 年为 –32.08%，排名位于第 7 位，2021 年营业收入增长率提升至 54.24%，2022 年为 42.61%，排名位于第 8 位。道达尔的营业收入增长率波动较大，说明公司在不同市场条件下调整了策略，应进一步稳定增长率，以提升市场地位。

埃尼 2016—2018 年营业收入增长率呈上升趋势，排名从第 10 位上升至第 3 位，2019 年和 2020 年呈下降趋势，2020 年为 –42.35%，位于第 12 位，2021 年营业收入增长率上升至 59.99%，排名位于第 8 位，2022 年下降至 34.84%，排名下降至第 9 位。埃尼的营业收入增长率波动较大，需在增长期巩固市场地位，同时在下降期减少数值波动。

挪威国油 2016 年营业收入增长率为 –23.09%，排名位于第 8 位，2017 年增长至 33.38%，排名上升至第 2 位，2018—2020 年呈下降趋势，2020 年位于第 5 位，2021 年增长至 98.45%，排名上升至第 1 位，2022 年又下降至 65.86%，排名位于第 3 位。挪威国油的营业收入增长率在 2021 年表现突出，但整体波动较明显，需进一步巩固优势，避免指标值大幅波动。

雪佛龙 2016—2018 年营业收入增长率呈现上升趋势，2018 年营业收入增长率为 56.65%，排名位于第 1 位，2019 年下降至 –4.12%，排名下降至第 6 位，2020—2021 年呈上升趋势，2021 年为 67.2%，排名位于第 4 位，2022 年下降至 43.87%，排名下降至第 7 位。可以看出后期雪佛龙营业收入增长率指标属于中等水平，需要稳定营业收入增长率，减少大幅波动，通过战略优化提升市场竞争力。

赫斯 2016—2018 年营业收入增长率呈上升趋势，但上升幅度不大，2019 年指标值下降，排名上升至第 1 位，2021 年指标值增长至 60.12% 左右，排名下降至第 7 位，2022 年排名位于第 5 位。赫斯 2019 年的指标值较低，却在排名上有显著进步，虽然整体数值呈上升趋势，但由于同行表现更突出，其排名下降。

伍德赛德 2016—2018 年指标值不断上升，排名从 2016 年的第 7 位下降至 2017 年的第 11 位，后又上升至 2018 年的第 4 位，2019—2020 年指标值呈下降趋势，排名从 2019 年的第 8 位上升至 2020 年的第 3 位，2021 年和 2022 年指标值上升，排名从 2020 年的第 3 位上升至 2022 年的第 1 位。伍德赛德的营业收入增长率表现优异，排名领先，应继续保持这一优势，确保市场竞争地位。

中国石油 2016—2017 年营业收入增长率不断上升，稳定在第 4 位，2018—2020 年营业收入增长率下降，但排名不断上升，从第 9 位上升至第 2 位，2021 年上升至 44.32%，但是排名大幅下降，位于第 11 位，2022 年营业收入增长率下降，排名位于第 11 位。可以看出中国石油在营业收入增长率方面波动较大，需提高稳定性。

中国石化 2016—2018 年营业收入增长率不断上升，但排名从第 1 位下降至第 8 位，之后上升至第 6 位，2019 年和 2020 年呈下降趋势，2019 年排名上升至第 2 位，2020 年排名下降至第 6 位，2021 年指标值上升至 39.5%，排名位于第 12 位，2022 年下降至 16.21%，排名位于第 12 位。中国石化的营业收入增长率波动明显，近两年的数值远低于平均值，应寻找积极的增长策略。

马拉松 2016—2018 年指标值呈上升趋势，排名从第 3 位上升至第 2 位，2019 年和 2020 年不断下降，2020 年为 –40.54%，排名位于第 11 位，2021 年营业收入增长率上升至 77.15%，排名显著上升，位于第 3 位，2022 年下降至 46.99%，排名下降至第 6 位。马拉松在某些年份表现优异，但整体波动较大，需在增长期进一步巩固市场竞争力，并减少大幅下降的风险。

2022 年营业收入增长率排名位于前三位的公司是伍德赛德、埃克森美孚和挪威国油，指标值分别为 141.55%、107.2% 和 65.86%，排名位于后三位的公司是壳牌、中国石油和中国石化，指标值分别是 34.84%、16.4% 和 16.21%。

（三）人均净利润

各对标公司 2016—2022 年的人均净利润变化情况如图 3-17、图 3-18、图 3-19 所示。

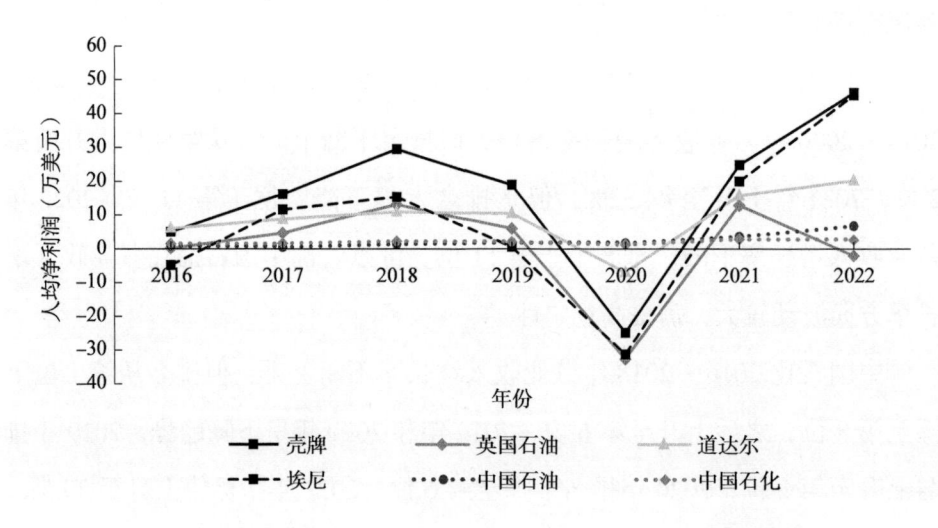

图 3-17　壳牌等 6 家对标公司 2016—2022 年人均净利润变化

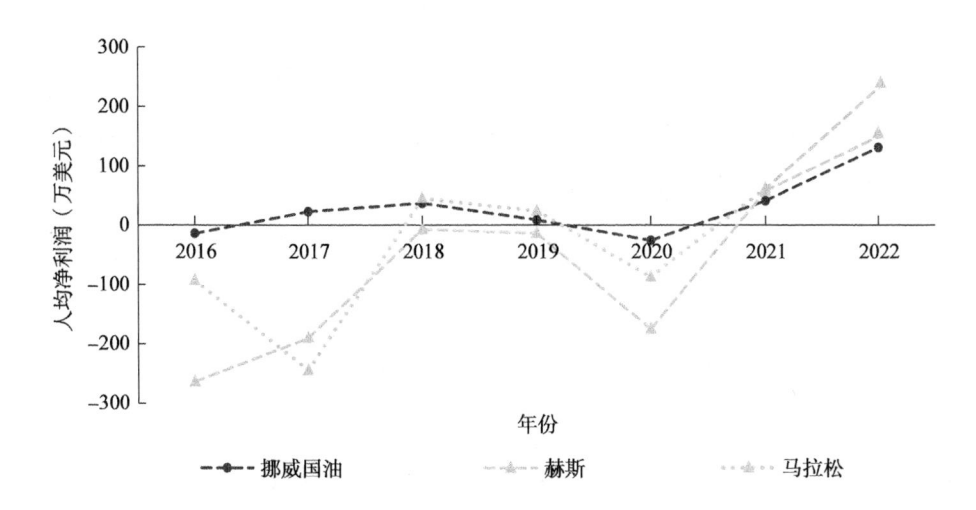

图 3-18 挪威国油等 3 家对标公司 2016—2022 年人均净利润变化

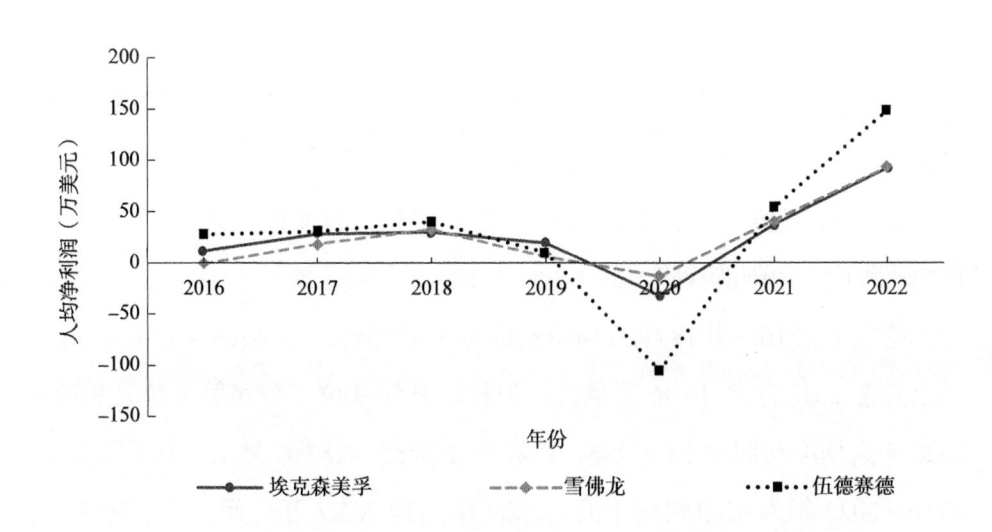

图 3-19 埃克森美孚等 3 家对标公司 2016—2022 年人均净利润变化

壳牌 2016—2018 年人均净利润呈上升趋势，由 5.03 万美元上升至 29.51 万美元，但排名从第 4 位下降至第 6 位。2019—2020 年指标值呈下降趋势，2020年下降至–24.75万美元，位于第5位。2021—2022年人均净利润上升，2022年达到46.1万美元，位于第7位，整体来看处于中等水平。2016—2022年有较大波动，其中，2016—2018年呈上升趋势，这表明公司在提升运营效率和增加利润方面取得了一定成效。

埃克森美孚2016—2018年人均净利润呈上升趋势，由11.78万美元上升至30.17万美元，但排名从第2位下降至第5位。2019—2020年呈下降趋势，2020年下降至–32.29万美元，位于第8位。2021—2022年人均净利润上升，2022年达到92.39万美元，位于第6位。埃克森美孚2016—2018年指标值显著上升，表明公司在这段时期有较强的盈利能力，之后有所下降，但2020年之后成功逆转下降趋势，公司应加强成本管理，以提升盈利能力。

英国石油2016—2018年人均净利润呈上升趋势，由0.23万美元上升至13.12万美元，排名由第7位下降至第8位。2019—2020年呈下降趋势，2020年下降至–32.59万美元，位于第9位。2021年人均净利润上升，2022年下降至–2万美元，位于第12位。近几年英国石油排名大不如前，应更重视流程优化和创新战略。

道达尔2016—2018年人均净利润呈上升趋势，由2016年的6.06万美元上升至2018年的10.96万美元，但排名从第3位下降至第9位。2019—2020年人均净利润呈下降趋势，2020年下降至–6.87万美元，位于第3位。2021—2022年人均净利润上升，2022年达到20.27万美元，位于第9位。人均净利润回升，但排名并不理想，道达尔在提升盈利能力的同时，需要确保其人均净利润增长速度能够赶上或超越竞争对手。

埃尼2016—2018年人均净利润呈上升趋势，由–4.85万美元上升至15.36万美元，排名从第9位上升至第6位，之后下降至第7位。2019—

2020年人均净利润下降。2021—2022年人均净利润上升，2022年达到45.41万美元，位于第8位。埃尼的人均净利润整体处于中等水平，应分析自身情况，学习优秀公司的经验。

挪威国油2016—2018年人均净利润呈上升趋势，由2016年的-14.13万美元上升至36.73万美元，排名从第10位上升至第3位。2019—2020年呈下降趋势，2020年下降至-25.87万美元，位于第6位。2021—2022年人均净利润上升，2022年达到131.04万美元，位于第4位。可以看出近几年挪威国油的人均净利润排名有显著提升，公司应持续努力，保持这一增长势头。

雪佛龙2016—2018年人均净利润呈上升趋势，由2016年的-0.83万美元上升至32.99万美元，排名从第8位上升至第4位。2019—2020年呈下降趋势，2020年下降至-13.05万美元，位于第4位。2021—2022年人均净利润上升，2022年达到93.07万美元，位于第5位。雪佛龙在多数年份人均净利润指标值高于平均值，2016—2018年增长显著，整体表现优于中等水平。

赫斯2016—2020年人均净利润为负值，2016—2018年指标值呈上升趋势，由2016年的-263.72万美元上升至-6.73万美元。2019—2020年呈下降趋势，2020年下降至-175.14万美元，位于第12位。2021—2022年人均净利润逐渐上升，2022年达到150.77万美元，位于第2位。赫斯的指标值在经历波动后逐渐呈恢复趋势，特别是在2021—2022年，进步显著。

伍德赛德2016—2018年人均净利润呈上升趋势，由2016年的27.71万美元上升至40.06万美元。2019—2020年呈下降趋势，2020年下降至-105.24万美元，位于第11位。2021—2022年人均净利润上升，2022年达到148.52万美元，位于第3位。可以看出该公司近几年排名靠前，但指标值波动较大，特别是在2019—2020年，指标值出现大幅下降，公司需要优化经营策略，以实现利润的稳步增长。

中国石油2016—2017年人均净利润呈下降趋势，由2016年的1.55万美元上升至2.25万美元，排名从第5位下降至第10位。2018—2020年呈上升趋势，上升至1.88万美元，位于第10位，2020年下降至1.68万美元，位于第1位。2021—2022年人均净利润上升，2022年达到6.74万美元，排名位于第10位。中国石油的人均净利润增长较缓慢，波动明显，应在确保稳定增长的同时，提高市场适应能力。

中国石化2016—2018年人均净利润呈上升趋势，由2016年的1.55万美元上升至2018年的2.25万美元，但排名从第5位下降至第10位。2019—2020年呈下降趋势，2020年下降至1.25万美元，位于第2位。2021—2022年人均净利润在2.5万美元以上，2022年排名位于第11位。中国石化在利润上升期排名下降，说明其增长速度不足以超越竞争对手，需进一步加大增长动力，并致力于稳定其长期表现。

马拉松2016—2017年人均净利润呈下降趋势，由-92.96万美元下降至-244.05万美元，排名从第11位下降至第12位。2018年指标值为44.97万美元，排名第1位。2019—2020年呈下降趋势，2020年下降至-86.78万美元，排名位于第10位。2021—2022年人均净利润上升，2022年达到230.06万美元，位于第1位。可以看出马拉松整体指标呈上升趋势，2021—2022年表现突出，2016—2017年下降较多，在增长期需巩固基础，降低未来的波动风险。

2022年人均净利润排名位于前三位的公司是马拉松、赫斯和伍德赛德，指标值分别为230.06万美元、150.77万美元和148.52万美元，排名位于后三位的公司是中国石油、中国石化和英国石油，指标值分别为6.74万美元、

2.66 万美元和 –2 万美元。

（四）人均产量

各对标公司 2016—2022 年的人均产量变化情况如图 3-20 所示。

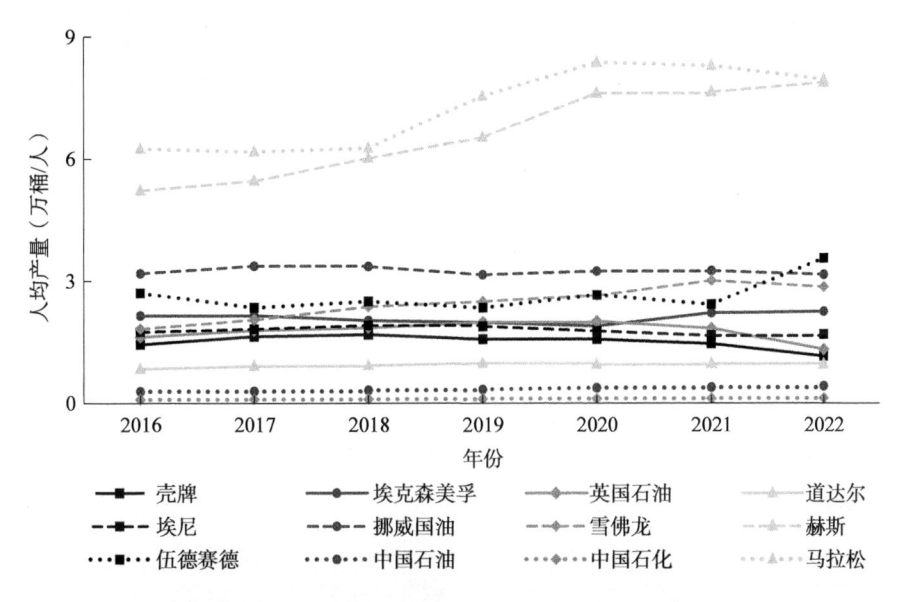

图 3-20　各对标公司 2016—2022 年人均产量变化

壳牌 2016—2018 年人均产量上升，由 1.43 万桶上升到 1.68 万桶，排名稳定在第 9 位，2019—2022 年指标值呈下降趋势，由 2019 年的 1.57 万桶下降至 2022 年的 1.15 万桶，排名稳定在第 9 位。可以看出前期人均产量有所提升，但在排名上没有突破，后期产量下降，公司可以加大技术创新和资源开发力度，同时优化生产流程，以稳定人均产量。

埃克森美孚 2016—2017 年人均产量呈上升趋势，排名保持在第 5 位，2018—2020 年呈下降趋势，由 2018 年的 2.03 万桶下降至 2020 年的 1.89 万桶，排名从第 6 位下降至第 7 位，2021—2022 年指标值呈上升趋势，2022 年上升至 2.25 万桶，排名位于第 6 位。埃克森美孚的人均产量存在波动，前期略有提升，后期有所下降，但近两年出现回升，可以看出其恢复能力较好，需推动人均产量稳定增长，并通过技术升级和管理优化持续提升长期生产效率。

英国石油 2016—2020 年人均产量呈上升趋势，由 2016 年的 1.62 万桶上升至 2020 年的 2.01 万桶，排名从第 8 位上升至第 6 位，2021—2022 年呈下降趋势，2022 年下降至 1.32 万桶，排名位于第 8 位。可以看出英国石油人均产量处于中等水平，前期指标值有所提升，但后期有所下降，应寻找原因，并制定相应的应对措施。

道达尔 2016—2019 年人均产量呈上升趋势，由 2016 年的 0.84 万桶上升至 2019 年的 0.98 万桶，2021 年为 0.97 万桶，2022 年下降至 0.95 万桶，但 2016—2022 年排名一直保持在第 10 位。道达尔在人均产量提升方面进展较缓慢，且后期有所下降，表明其在提高生产效率方面面临挑战。

埃尼 2016—2018 年人均产量呈上升趋势，由 2016 年的 1.74 万桶上升至 2018 年的 1.91 万桶，2019—2021 年呈下降趋势，2021 年下降至 1.65 万桶，排名位于第 8 位，2022 年上升至 1.67 万桶，2016—2022 年的排名一直在第 7 位和第 8 位之间波动，埃尼的人均产量处于中等水平。

挪威国油 2016—2017 年人均产量呈增长趋势，2018—2019 年呈下降趋势，2019 年下降至 3.16 万桶，2020 年又增长至 3.24 万桶，2021 年为 3.25 万桶，2022 年下降至 3.16 万桶，2016—2021 年排名一直位于第 3 位，2022 年位于第 4 位。挪威国油的人均产量较高且相对稳定，尽管存在小幅波动，但整体上保持在较高水平，这表明其生产效率较高。

雪佛龙 2016—2021 年人均产量呈增长趋势，2021 年为 3.02 万桶，排名位于第 4 位，2022 年下降至 2.86 万桶，位于第 5 位。雪佛龙在人均产量提升方面表现较好，但 2022 年指标值有所下降，需要引起关注，雪佛龙应加强对市场环境的监控，以便及时调整策略。

赫斯2016—2022年人均产量呈增长趋势，由2016年的5.22万桶上升至2022年的7.89万桶，2016—2022年排名一直保持在第2位，整体表现优异，人均产量较高且较稳定，应继续保持其领先地位。

伍德赛德2016—2017年人均产量呈下降趋势，2017年下降至2.35万桶，2018年上升至2.5万桶，2016—2018年排名保持在第4位，2019年下降至2.34万桶，位于第5位，2020年上升至2.66万桶，2021年下降至2.42万桶，2022年上升至3.56万桶，2016—2021年排名在第4位至第5位之间波动，2022年位于第3位。伍德赛德的人均产量在经历波动后，出现逐步上升的趋势，特别是在2022年实现了显著提升，应进一步巩固其上升趋势，通过实施稳定的技术和管理优化策略，持续提升产量。

中国石油2016—2022年人均产量呈增长状态，由2016年的0.29万桶上升至2022年的0.42万桶，排名一直位于第11位。可以看出中国石油人均产量远低于中等水平，与其他公司相比有较大差距，应尽快寻找有效策略，提高生产效率。

中国石化2016—2022年人均产量呈上升趋势，由2016年的0.1万桶上升至2022年的0.13万桶，排名一直位于第12位。中国石化在人均产量方面排名靠后，虽然人均产量有逐步上升的态势，但依然处于较低水平，需大幅提升生产效率。

马拉松2016—2017年人均产量下降，2017年下降至6.18万桶，2018—2020年呈上升趋势，2020年上升至8.37万桶，2021—2022年呈下降趋势，2022年下降至7.96万桶，2016—2022年排名一直位于第1位，表现稳定，人均产量较高，应进一步巩固现有优势，保持其领先地位。

2022年人均产量排名位于前三位的公司是马拉松、赫斯和伍德赛德，指标值分别为7.96万桶、7.89万桶和3.56万桶,排名位于后三位的公司是道达尔、中国石油和中国石化,指标值分别为0.95万桶、0.42万桶和0.13万桶。

(五)全员劳动生产率

各对标公司2016—2022年的全员劳动生产率变化情况如图3-21所示。

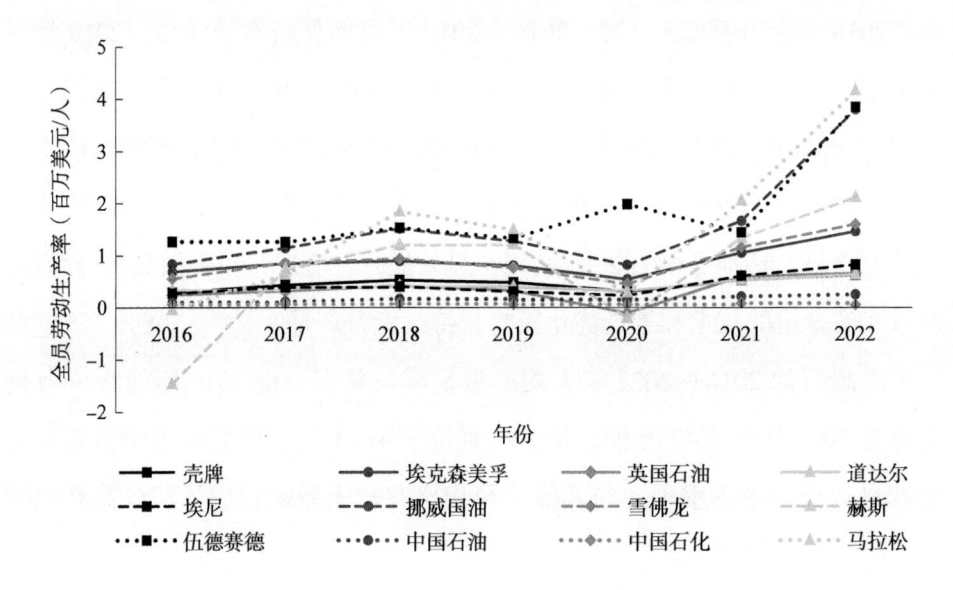

图3-21 各对标公司2016—2022年全员劳动生产率变化

壳牌2016—2018年全员劳动生产率上升,由2016年的0.31百万美元/人上升到0.53百万美元/人,2019—2020年呈下降趋势,由2019年的0.49百万美元/人下降至2020年的0.32百万美元/人,2021—2022年呈上升趋势,2022年上升到0.63百万美元/人,2017—2019年排名一直位于第7位,2020年位于第6位,2021年位于第9位,2022年位于第10位。可以看出壳牌的全员劳动生产率有小幅波动,前期呈增长趋势,之后有所下降,随后又恢复增长势头。

埃克森美孚2016—2018年全员劳动生产率呈上升趋势，由2016年的0.69百万美元/人上升到2018年的0.89百万美元/人，排名从第3名下降至第6名，2019—2020年呈下降趋势，由2019年的0.81百万美元/人下降至2020年的0.55百万美元/人，排名从第5位上升至第3位，2021—2022年呈上升趋势，2022年上升至1.46百万美元/人，排名位于第6位。埃克森美孚全员劳动生产率总体呈上升趋势，但也经历了短暂的下降，显示出一定的波动性，表明公司需要更稳定的增长策略，并进一步加强内部管理和技术革新，以确保生产率的稳定提升。

英国石油2016—2018年全员劳动生产率呈上升趋势，由2016年的0.25百万美元/人上升至2018年的0.43百万美元/人，排名从第8位下降至第10位，又上升至第8位，2019—2020年呈下降趋势，由0.34百万美元/人下降至-0.1百万美元/人，排名从第9位下降至第11位，2021年上升至0.61百万美元/人，2022年上升至0.66百万美元/人，排名位于第8位。英国石油整体排名靠后，指标值低于中等水平，在2019—2020年出现了明显下降，甚至出现负值，公司在这期间可能遭遇了经营挑战，应分析背后的原因，加强风险管理。

道达尔2016—2018年全员劳动生产率呈上升趋势，由2016年的0.34百万美元/人上升至2018年的0.41百万美元/人，2019年下降至0.4百万美元/人，2020—2022年呈上升趋势，2022年上升至0.63百万美元/人，排名位于第9位。可以看出道达尔全员劳动生产率总体保持增长趋势，但也经历了短暂的下降，应继续优化生产管理流程，确保劳动生产率的稳定提升。

埃尼2016—2018年全员劳动生产率呈上升趋势，由2016年的0.27百万美元/人上升至2018年的0.41百万美元/人，2019—2020年呈下降趋势，由 0.31 百万美元 / 人下降至 0.24 百万美元 / 人，排名从第 10 位下降至第 8 位，2021—2022 年呈上升趋势，2022 年上升至 0.82 百万美元 / 人，排名位于第 7 位。埃尼在 2021 年之后全员劳动生产率恢复较快，应进一步优化流程、推动技术创新，以确保生产效率的持续提升。

挪威国油 2016—2018 年全员劳动生产率呈增长趋势，2019—2020 年呈下降趋势，2020 年下降至 0.82 百万美元 / 人，2021—2022 年呈上升趋势，2022 年上升至 3.8 百万美元 / 人，排名位于第 3 位。挪威国油全员劳动生产率总体呈上升趋势，2022 年有显著提升，表明其整体生产效率较高，应继续保持高效的生产管理，巩固其领先地位。

雪佛龙 2016—2018 年全员劳动生产率呈增长趋势，由 0.56 百万美元 / 人上升至 0.94 百万美元 / 人，排名从第 4 位先上升至第 3 位，又下降至第 5 位，2019—2020 年呈下降趋势，从 0.77 百万美元 / 人下降至 0.46 百万美元 / 人，排名从第 6 位上升至第 4 位，2021 上升至 1.16 百万美元 / 人，2022 年上升至 1.6 百万美元 / 人，排名位于第 5 位。可以看出雪佛龙在全员劳动生产率方面优于中等水平，指标有一定波动，应加强内部管理，持续提升全员劳动生产率。

赫斯 2016—2019 年全员劳动生产率呈增长趋势，由 2016 年的 –1.46 百万美元 / 人上升至 2019 年的 1.22 百万美元 / 人，2020 年下降至 –0.2 百万美元 / 人，2021—2022 年呈上升趋势，2022 年上升至 2.12 百万美元 / 人，排名位于第 4 位，波动较大，但总体呈现上升趋势，2021—2022 年有显著提升，显示出较强的生产恢复能力。

伍德赛德 2016—2019 年全员劳动生产率有所波动，2018 年上升至 1.53 百万美元 / 人，2019 年下降至 1.33 百万美元 / 人，2020 年上升至 1.98 百万美元 / 人，排名第 1 位，2021 年下降至 1.44 百万美元 / 人，2022 年上升至

3.84 百万美元/人，2016—2020 年排名一直在第 1～2 位变化，2021 年位于第 3 位，2022 年位于第 2 位。伍德赛德全员劳动生产率在经历了一段时间的下降后，2022 年有显著提升，表明其生产效率有所提高，应持续巩固并维持稳定的增长态势。

中国石油 2016—2018 年全员劳动生产率呈增长趋势，由 2016 年的 0.1 百万美元/人上升至 2018 年的 0.17 百万美元/人，排名从第 9 位下降至第 11 位，2020—2022 年呈增长趋势，由 0.15 百万美元/人上升至 0.25 百万美元/人，2016—2022 年排名在第 9 位和第 11 位之间波动，2022 年上升至 0.25 百万美元/人，排名位于第 11 位。中国石油整体排名相对靠后，指标值虽有所提升，但与国际同行相比仍有较大差距，需要进一步提升生产效率，加大技术投入和管理优化力度，提高劳动生产率，缩小与国际领先公司的差距。

中国石化 2016—2018 年全员劳动生产率呈上升趋势，2018 年上升至 0.08 百万美元/人，2018—2020 年呈下降趋势，由 2018 年的 0.08 百万美元/人下降至 2020 年的 0.07 百万美元/人，排名从第 12 位上升至第 10 位，2021—2022 年排名位于第 12 位。指标值有一定波动，但总体变化较小。

马拉松 2016—2018 年全员劳动生产率呈上升趋势，由 2016 年的 −0.04 百万美元/人上升至 2018 年的 1.85 百万美元/人，排名从第 11 位上升至第 1 位，2019—2020 年呈下降趋势，2020 年下降至 0.29 百万美元/人，排名从第 1 位下降至第 7 位，2021—2022 年呈上升趋势，2022 上升至 4.16 百万美元/人，2022 年位于第 1 位。马拉松该指标表现较好，应继续保持高效生产水平，进一步巩固其领先地位。

2022 年全员劳动生产率排名位于前三位的公司是马拉松、伍德赛德和挪威国油，指标值分别为 4.16 百万美元/人、3.84 百万美元/人和 3.8 百万美元/人，排名位于后三位的公司是壳牌、中国石油和中国石化，指标值分别是 0.63 百万美元/人、0.25 百万美元/人和 0.06 百万美元/人。

（六）利润总额增长率

各对标公司 2016—2022 年利润总额增长率变化情况如图 3-22、图 3-23 和图 3-24 所示。

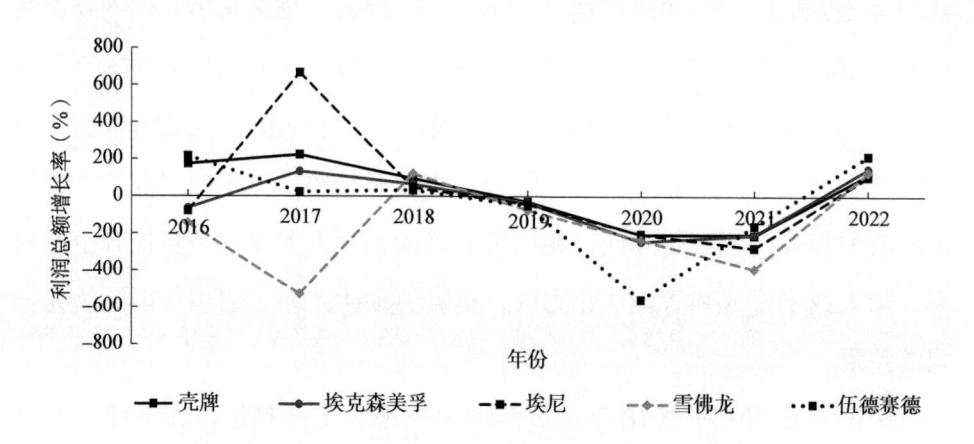

图 3-22　壳牌等 5 家对标公司 2016—2022 年利润总额增长率变化

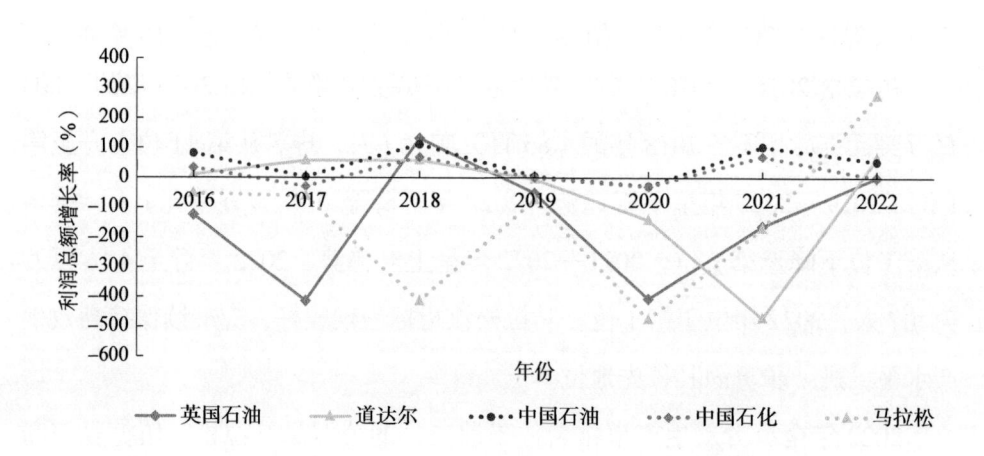

图 3-23　英国石油等 5 家对标公司 2016—2022 年利润总额增长率变化

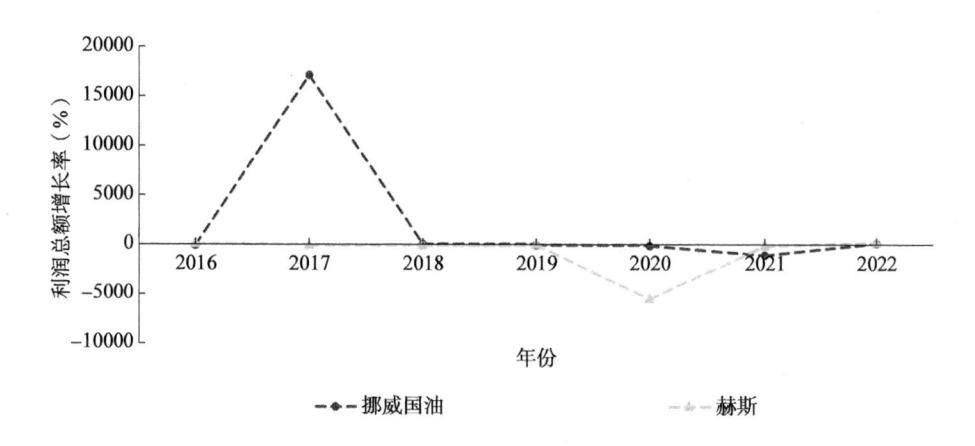

图 3-24　挪威国油与赫斯 2 家对标公司 2016—2022 年利润总额增长率变化

壳牌 2016—2017 年利润总额增长率呈上升趋势，上升至 223.4%，位于第 3 位，2018—2021 年呈下降趋势，下降至 -210.61%，位于第 8 位，2022 年上升至 117.29%，位于第 7 位。可以看出壳牌指标值波动较大，排名整体有所下滑，2021—2022 年指标值有较大提升，壳牌需要加强利润总额增长率的稳定性。

埃克森美孚 2016—2017 年利润总额增长率呈上升趋势，增长至 134.33%，排名从第 8 位上升至第 4 位，2018—2020 年呈下降趋势，下降至 -244.01%，排名从第 6 位下降至第 8 位，2021—2022 年呈上升趋势，上升至 148.94%，排名位于第 4 位。整体来看，埃克森美孚利润总额增长率呈上升趋势，2022 年排名较高，应保持增长趋势，不断优化内部管理，力争在市场环境发生变化时依然能保持稳定的利润增长。

英国石油 2016—2017 年利润总额增长率呈下降趋势，排名位于第 11 位，2017 年下降至 -412.85%，2018 年上升至第 1 位，2018—2020 年呈下降趋势，2020 年下降至 -405.22%，排名从第 1 位下降至第 9 位，2021—

2022年呈上升趋势，上升至1.17%，2022年排名位于第11位。英国石油利润总额增长率波动较大，2022年排名较低，但指标值较2021年有明显提升，应努力保持这一增长趋势，加强风险管理和成本控制。

道达尔2016—2018年利润总额增长率呈上升趋势，由11.45%上升至59.48%，排名从第6位先上升至第5位，后下降至第7位，2019—2021年指标值呈下降趋势，从–4.19%下降至–469.81%，排名从第4位下降至第11位，2022年上升至66.79%，位于第9位。道达尔利润总额增长率波动较大，说明公司在市场环境和内部管理方面存在不稳定因素，因此，道达尔需要提升市场分析能力和应对挑战的能力，并同步优化其内部管理。

埃尼2016—2017年利润总额增长率呈上升趋势，从–79.14%上升至667.26%，排名从第9位上升至第2位，2018—2021年呈下降趋势，从47.68%下降至–278.74%，排名下降至第9位，2022年上升至106.35%，排名位于第8位。埃尼的利润总额增长率低于中等水平，需要制定并实施有效措施以实现排名上的突破。

挪威国油2016—2017年利润总额增长率呈上升趋势，从–94.14%上升至17113.75%，排名从第10位上升至第1位，2018—2021年呈下降趋势，2021年下降至–1083.44%，位于第12位，2022年上升到134.12%，位于第5位。可见挪威国油在2016—2017年经历了巨大的利润增长，但2017年之后利润总额增长率持续下降，2019年跌至负值，2022年再次上升，整体波动较大，应增强利润总额增长率的稳定性。

雪佛龙2016—2017年指标值呈下降趋势，由–144.61%下降至–526.9%，排名保持在第12位，2018年增长至123.13%，排名位于第2位，2019—2021年呈下降趋势，由–73.09%下降至–390.34%，2021年排名位于第10位，2022年指标值增长至129.56%，排名位于第6位。整体来看雪佛龙利润总额呈上升趋势，应继续保持增长趋势，同时优化内部管理，提高运营效率。

赫斯2016—2018年指标值呈下降趋势，由82.03%下降至-101.4%，排名从第3位下降至第11位，2019年上升至3.92%，排名为第2位，2020年下降至-5460.38%，排名为第12位，2020—2022年呈上升趋势，2022年上升至211.17%，排名上升至第3位。2021年之后，公司的利润总额增长率显著上升，显示出较强的恢复能力，指标值优于中等水平，应注意提升指标的稳定性，不断巩固其领先地位。

伍德赛德2016—2017年指标值呈下降趋势，由214.74%下降至23.49%，排名从第1位下降至第6位，2017—2018年呈上升趋势，由23.49%上升至32.91%，但排名从第6位下降至第10位，2018—2020年呈下降趋势，由32.91%下降至-558.39%，排名在第10位上下波动，2020—2022年呈上升趋势，由-558.39%上升至216.97%，排名从第11位上升至第2位。公司利润总额增长率整体表现较好，前期有所下降，后期指标值显著上升，显示出良好的复苏势头，伍德赛德应继续提升运营效率，保持竞争优势。

中国石油2016—2017年利润总额增长率呈下降趋势，由81.48%下降至3.21%，排名从第4位下降至第7位，2018年上升至111.61%，排名升至第3位，2018—2020年呈下降趋势，由111.61%下降至-27.51%，排名从第3位上升至第1位，2021年上升至103.76%，排名保持在第1位，2022年下降至53.88%，排名降至第10位。中国石油的指标值波动较大，可能遭遇了内外部挑战。

中国石化2016—2017年利润总额增长率呈下降趋势，由33.6%下降至-28.48%，排名由第5位下降至第9位，2018年增长至69.06%，位于

75

第5位，2019年下降至0.57%，排名位于第3位，2020年下降至–28.23%，排名为第2位，2021年上升至71.97%，排名位于第2位，2022年下降至–0.8%，位于第12位。中国石化排名波动较大，需要加大管理力度，进一步提升利润总额增长率的稳定性，追赶国际领先公司。

马拉松2016—2018年利润总额增长率呈下降趋势，由–52.28%下降至–414.32%，排名由第7位下降至第12位，2020年下降至–473.72%，排名第10位，2020—2022年呈上升趋势，由–473.72%上升至276.39%，排名上升至第1位。整体来看，马拉松的指标值波动较大，后期表现突出，应巩固领先地位，推动利润总额持续增长。

2022年利润总额增长率排名位于前三位的公司是马拉松、伍德赛德和赫斯，指标值分别为276.39%、216.97%和211.17%，排名位于后三位的公司是中国石油、英国石油和中国石化，指标值分别为53.88%、1.17%和–0.8%。

（七）流动比率

流动比率指流动资产总额和流动负债总额之比。流动比率是衡量企业短期偿债能力的常用指标。一般来说，比率越高，短期偿债能力越强。各对标公司2016—2022年流动比率变化情况如图3–25和图3–26所示。

壳牌2016—2018年呈上升趋势，从1.17上升至1.25，2019年下降至1.16，排名位于第7位，2020—2022年呈上升趋势，由2020年的1.23上升至2022年的1.36，排名从第6位上升至第5位，后下降至第7位。壳牌在流动比率方面属于中等水平，2020年以后，流动比率稳定上升，这表明公司在改善短期偿债能力方面取得了一定进步，应继续关注短期资产与负债的匹配，确保流动比率处于一个相对健康的水平，以增强公司的短期偿债能力和财务稳定性。

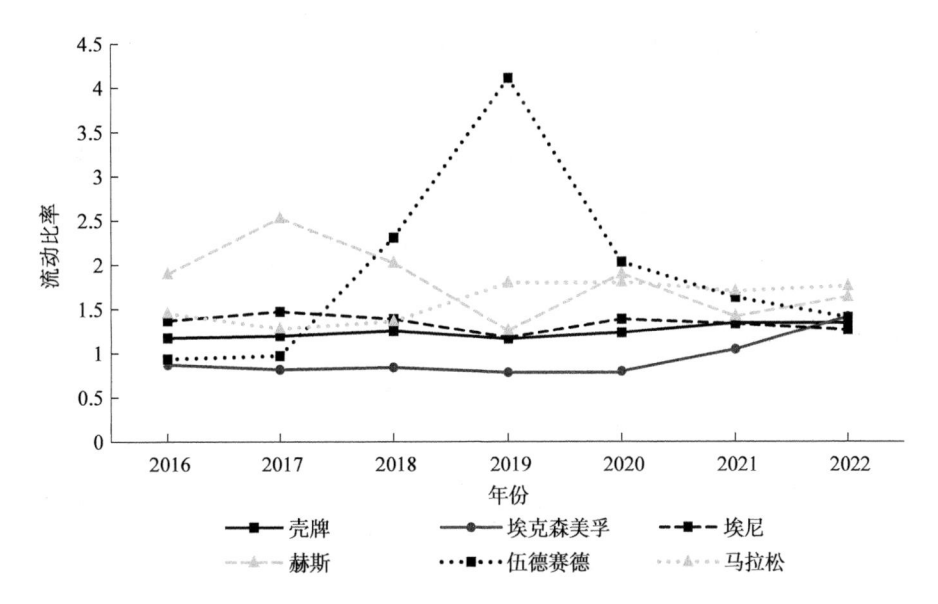

第三章 ▶ 基于对标的定量对标结果分析

图 3-25　壳牌等 6 家对标公司 2016—2022 年流动比率变化

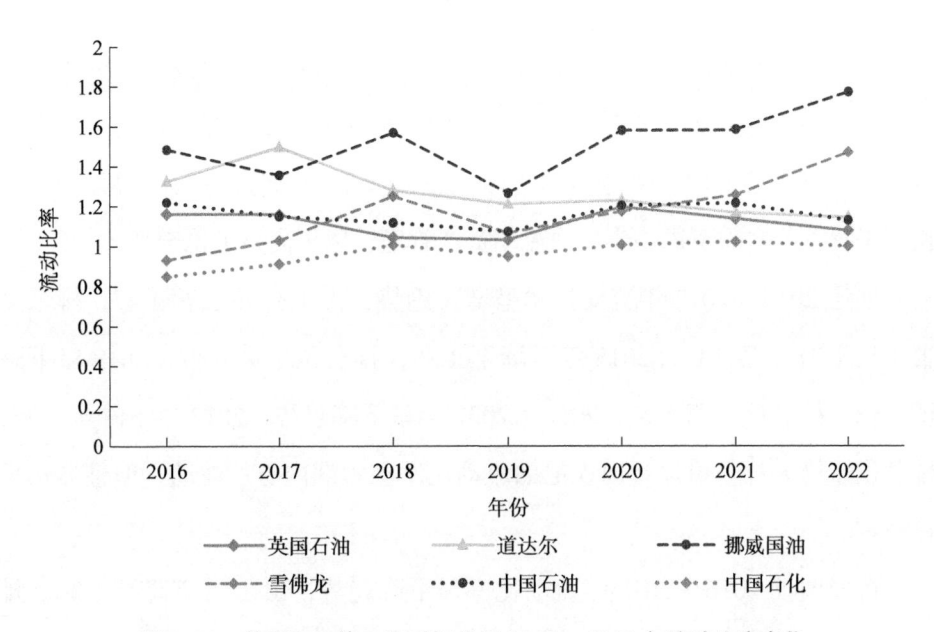

图 3-26　英国石油等 6 家对标公司 2016—2022 年流动比率变化

埃克森美孚 2016—2017 年流动比率呈下降趋势，2017 年下降至 0.82，排名位于第 12 位，2018 年上升至 0.84，排名位于第 12 位，2019 年下降至 0.78，排名位于第 12 位，2020—2022 年呈上升趋势，由 0.8 上升至 1.41，排名由第 12 位上升至第 5 位。整体来看，该公司流动比率呈上升趋势，应该努力保持增长势头，持续优化资产结构，提高流动比率，以增强应对短期财务压力的能力。

英国石油 2016—2019 年流动比率呈下降趋势，由 1.16 下降至 1.03，排名由第 8 位下降至第 10 位，2019—2020 年呈上升趋势，2020 年上升至 1.2，排名位于第 9 位，2021—2022 年呈下降趋势，2022 年下降至 1.08，排名位于第 11 位。英国石油的流动比率波动较大，整体水平偏低，这反映了公司在流动资产管理方面面临一定挑战。

道达尔 2016—2017 年流动比率呈上升趋势，从 1.33 上升至 1.5，排名从第 5 位上升至第 2 位，2018 年下降至 1.28，位于第 6 位，2019—2020 年呈上升趋势，2020 年上升至 1.23，位于第 7 位，2021—2022 年呈下降趋势，下降至 1.15，位于第 9 位。道达尔的指标值整体呈下降趋势，只有短暂的回升，长期来看，公司需要进一步加强流动资产管理，以提高财务稳定性。

埃尼 2016—2017 年流动比率呈增长趋势，由 1.37 增长至 1.47，排名从第 4 位上升至第 3 位。2018 年下降至 1.39，排名位于第 4 位，2019 年下降至 1.18，排名位于第 6 位，2020—2022 年呈下降趋势，2022 年下降至 1.26，排名位于第 8 位。可以看出埃尼的流动比率在短期内有所波动，但整体水平较稳定。

挪威国油 2016—2017 年流动比率呈下降趋势，由 1.48 下降至 1.36，排名从第 2 位下降至第 4 位，2018 年上升至 1.57，位于第 3 位，2019 年下降至 1.27，位于第 3 位，2020—2022 年呈上升趋势，2022 年上升至 1.77，排名位于第 1 位。2022 年挪威国油位居首位，表现优异，应继续巩固其在流动资产管理方面取得的成就。

雪佛龙 2016—2018 年流动比率呈下降趋势，由 0.93 上升至 1.25，2019 年下降至 1.07，位于第 9 位，2020—2022 年呈上升趋势，上升至 1.47，位于第 4 位。雪佛龙应加强流动资产管理，优化短期负债结构，将流动比率保持在一个健康的水平，从而提升公司的财务稳定性和应对短期财务挑战的能力。

赫斯 2016—2017 年流动比率呈上升趋势，由 1.9 上升至 2.53，2018—2019 年呈下降趋势，从 2.02 下降至 1.26，排名从第 2 位下降至第 4 位，2020 年上升至 1.9，位于第 2 位，2021 年下降至 1.42，2021—2022 年呈上升趋势，上升至 1.64，位于第 3 位。赫斯的流动比率在 2018—2019 年显著下降，应该制定针对性的措施，并在流动资产管理方面做出一定调整和改进。

伍德赛德 2016—2019 年流动比率呈上升趋势，2019 年上升至 4.11，排名位于第 1 位，2020—2022 年呈下降趋势，由 2020 年的 2.03 下降至 2022 年的 1.41，排名从第 1 位下降至第 6 位。后几年流动比率大幅下降，表明公司在流动资产管理方面存在一定的不稳定因素，伍德赛德需要着重优化流动资产和短期负债的结构。

中国石油 2016—2019 年流动比率呈下降趋势，由 2016 年的 1.22 下降至 2019 年的 1.07，排名位于第 8 位，2020—2021 年呈上升趋势，从 1.21 上升至 1.22，2022 年下降至 1.13，位于第 10 位，可以看出中国石油在流动比率方面始终处于中下等水平，应注意提升流动比率，确保财务状况的稳健性和可持续发展，不断缩小与领先公司之间的差距。

中国石化 2016—2018 年流动比率呈上升趋势，由 0.85 上升至 1.01，排名从第 12 位上升至第 11 位，2019 年下降至 0.95，位于第 11 位，2020—2021 年呈上升趋势，由 1.01 上升至 1.02，由第 11 位下降至第 12 位，2022

年又下降至 1，位于第 12 位，排名靠后，中国石化指标值远低于中等水平，应提高对流动比率的重视。

马拉松 2016—2017 年流动比率呈下降趋势，由 2016 年的 1.46 下降至 2017 年的 1.28，排名由第 3 位下降至第 5 位，2018—2020 年呈上升趋势，由 1.36 上升至 1.81，排名从第 5 位上升至第 2 位，又下降至第 3 位，2021—2022 年呈上升趋势，2022 年上升至 1.76，位于第 2 位。马拉松指标值整体呈上升趋势，个别年份波动较大，显示出公司在流动资产管理方面的不稳定性。

2022 年流动比率排名位于前三位的公司是挪威国油、马拉松和赫斯，指标值分别为 1.77、1.76 和 1.64。排名位于后三位的公司是中国石油、英国石油和中国石化，指标值分别是 1.13、1.08 和 1。

（八）净利润增长率

各对标公司 2016—2022 年净利润增长率变化情况如图 3-27、图 3-28 和图 3-29 所示。

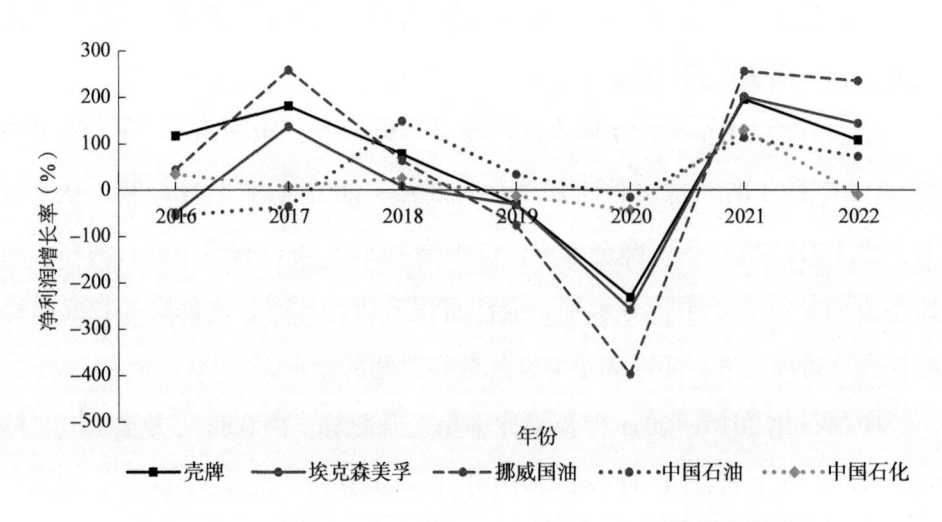

图 3-27　壳牌等 5 家对标公司 2016—2022 年净利润增长率变化

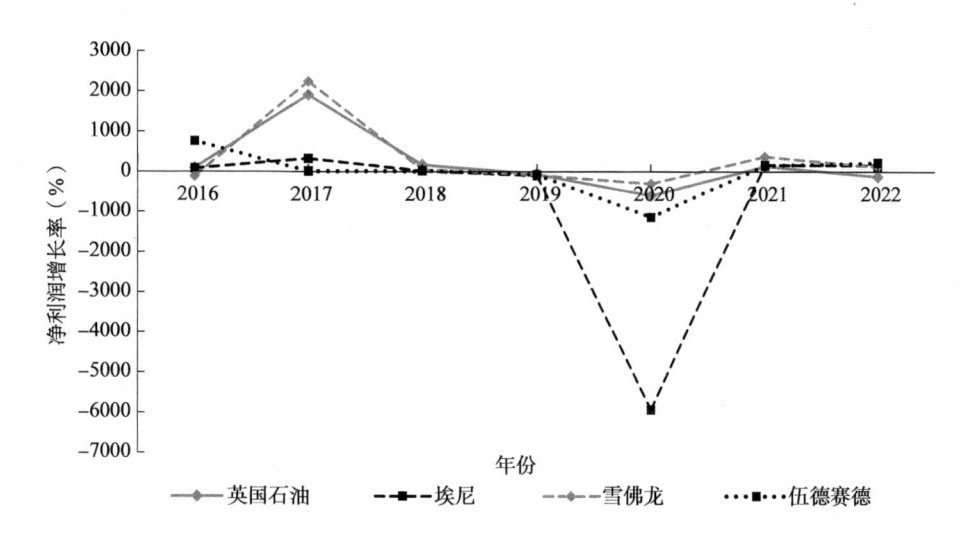

图 3-28 英国石油等 4 家对标公司 2016—2022 年净利润增长率变化

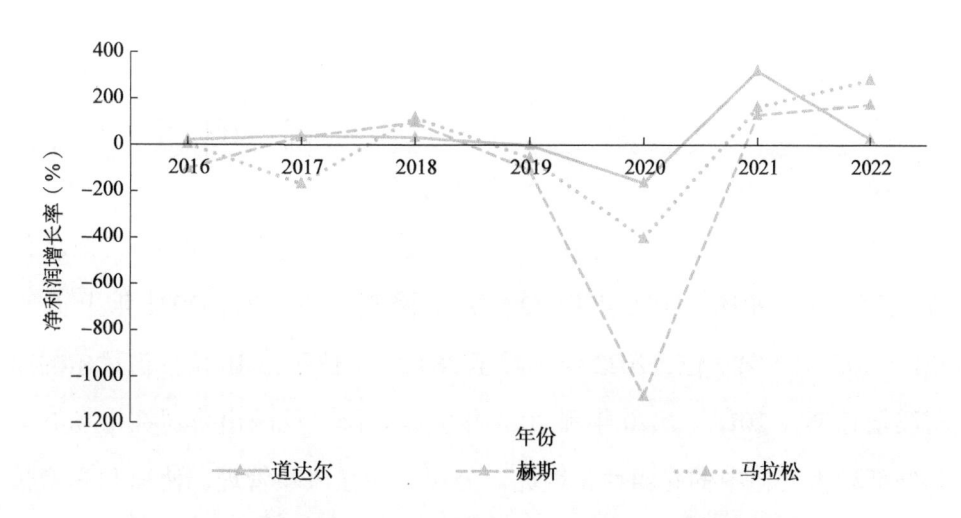

图 3-29 道达尔等 3 家对标公司 2016—2022 年净利润增长率变化

壳牌 2016—2017 年净利润增长率由 117.14% 上升至 181.24%，排名由第 2 位下降至第 5 位，2018—2020 年由 77.94% 下降至 -231.05%，2021 年上升至 195.8%，位于第 5 位，2022 年下降至 107.82%，位于第 8 位。壳牌

的净利润增长率在2018—2020年出现了显著的下滑，可能是与市场波动和宏观经济的不确定因素有关，但公司在2020年后指标大幅回升，说明其在不利环境下具备一定的恢复能力。

埃克森美孚2016—2017年净利润增长率由-49.4%上升至137%，排名由第9位上升至第6位，2018—2020年由7.93%下降至-257.38%，2021年上升至201.49%，位于第4位，2022年下降至144%，位于第5位。整体来看，埃克森美孚的净利润增长率呈上升趋势，应进一步增强市场竞争力，以实现持续的利润增长。

英国石油2016—2017年净利润增长率由102.69%增长到1916.28%，排名从第3位上升至第2位，2018—2020年由176.18%下降至-594.73%，排名由第1位下降至第9位，2021年上升至140.94%，位于第9位，2022年下降至-115.99%，位于第12位。英国石油净利润增长率整体呈下降趋势，表明公司遇到了挑战，应进一步强化成本控制和风险管理机制，增强在波动市场中的适应能力，以实现更稳定的利润增长。

道达尔2016—2017年净利润增长率由21.8%上升至39.3%，排名保持在第7位，2018—2020年由32.62%下降至-164.28%，2021年上升至321.38%，位于第2位，2022年下降至28.03%，位于第10位。道达尔的净利润增长率在2018—2020年和2022年大幅下降，反映出公司在市场波动和外部环境变化中的脆弱性，因此，公司应加强风险管理，使净利润增长率更加稳定。

挪威国油2016—2017年净利润增长率由43.86%上升至258.44%，排名由第5位上升至第4位，2018—2020年由63.94%下降至-396.92%，2021年上升至256.04%，位于第3位，2022年下降至235.17%，位于第2位。挪威国油处于中上等水平，应继续保持其在市场中的竞争力，以实现稳定且可持续的利润增长。

雪佛龙2016—2017年净利润增长率由-109.15%上升至2250.58%，排名由第12位上升至第1位，2018—2020年由60.32%下降至-295.47%，2021年上升至382.13%，位于第1位，2022年下降至126.96%，位于第7位。雪佛龙的净利润增长率在2018—2020年显著下降，但在2020—2021年表现出强劲的增长势头。

埃尼2016—2017年净利润增长率由83.33%上升至330.46%，排名由第4位上升至第3位，2018年下降至22.29%，位于第11位，2019—2020年由-96.41%下降至-5934.5%，排名由第11位下降至第12位，2021年上升至167.41%，位于第6位，2022年下降至138.57%，位于第6位。埃尼的净利润增长率处于中等水平，指标值在2017—2020年波动较大，表明公司受市场波动影响较大，2021年指标值的上升反映了其具备一定的恢复能力。

赫斯2016—2018年净利润增长率由-102.06%上升至97.08%，排名由第11位上升至第4位，2019—2020年由-108.7%下降至-1082.92%，排名由第12位上升至第10位，2021—2022年由131.35%上升至174.94%，排名由第10位上升至第4位，增长幅度较大。

伍德赛德2016—2017年净利润增长率由761.06%下降至15.11%，排名由第1位下降至第9位，2018年上升至30.98%，位于第9位，2019—2020年由-73.96%下降至-1140.58%，排名由第8位下降至第11位，2021—2022年由151.22%上升至222.94%，排名由第8位上升至第3位。可以看出伍德赛德2021年后进入增长期，应进一步提升内部运营效率和优化资源配置，以保障公司在不确定的市场环境中仍能维持稳定的利润增长。

中国石油2016—2018年净利润增长率由55.3%上升至148.78%，排名由第10位上升至第2位，2019—2020年由33.78%下降至-15.9%，排名保持在第 1 位，2021 年上升至 113.65%，位于第 12 位，2022 年下降至 72.67%，位于第 9 位。中国石油的净利润增长率在 2018 年达到顶峰后，经历了波动性的下降，应进一步提高生产效率，增强成本控制能力，同时积极开拓新市场。

中国石化 2016—2017 年净利润增长率由 34.7% 下降至 8.1%，排名由第 6 位下降至第 10 位，2018 年上升至 26.19%，排名位于第 10 位，2019—2020 年由 -12.33% 下降至 -42.46%，排名由第 3 位上升至第 2 位。2021 年上升至 130.9%，2022 年下降至 -10.21%，2021—2022 年位于第 11 位。中国石化的净利润增长率在不同年份波动较大，表明公司受市场波动和外部环境变化的影响较大，应持续关注市场变化，加强风险管理。

马拉松 2016—2017 年净利润增长率由 2.9% 下降至 -167.43%，排名由第 8 位下降至第 12 位，2018 年上升至 119.15%，位于第 3 位，2019—2020 年由 -56.2% 下降至 -402.29%，排名由第 6 位下降至第 8 位，2021—2022 年由 165.2% 上升至 281.82%，排名由第 7 位上升至第 1 位，表现优异。马拉松应该持续关注成本控制，注重生产效率的提升，以巩固其领先地位。

2022 年净利润增长率排名位于前三位的公司是马拉松、挪威国油和伍德赛德，指标值分别为 281.82%、235.17% 和 222.94%。排名位于后三位的公司是道达尔、中国石化和英国石油分别是 28.03%、-10.21% 和 -115.99%。

（九）营业利润率

各对标公司 2016—2022 年营业利润率变化情况如图 3-30 所示。

壳牌 2016—2018 年营业利润率由 -11.16% 上升至 13.93%，排名由第 10 位上升至第 7 位，2019—2020 年由 8.53% 下降至 -38.85%，排名由第 5 位下降至第 9 位，2021—2022 年由 21.35% 上升至 26.75%，排名由第 8 位上升至第 7 位。壳牌的营业利润率在 2016—2018 年有所上升，说明公司的运营效率有所提高，而 2019—2020 年指标下降可能和市场波动以及运营成本上升等因素有关，2021 年和 2022 年指标值上升，表明公司采取了有效的调整策略，此外，也与市场的整体恢复有关。

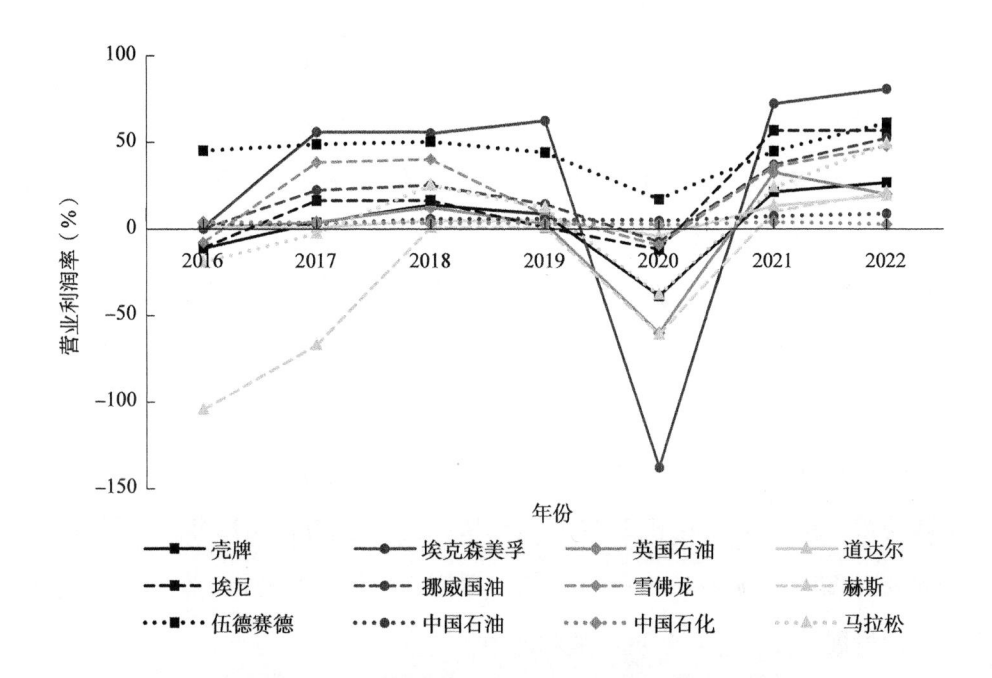

图 3-30　各对标公司 2016—2022 年营业利润率变化

　　埃克森美孚 2016—2017 年营业利润率由 0.99% 上升至 55.98%，排名由第 5 位上升至第 1 位，2018—2019 年由 55.18% 上升至 62.4%，位于第 1 位，2020 年下降至 -137.67%，2021—2022 年由 72.37% 上升至 80.77%，位于第 1 位，表现优异。埃克森美孚应保持高效的运营模式，并加强风险管理措施，以巩固领先地位。

　　英国石油 2016—2018 年营业利润率由 0.76% 增加到 12.55%，排名由第 6 位下降至第 8 位，2019—2020 年由 3.22% 下降至 -60.03%，排名由第

9位下降至第10位，2021年上升至32.66%，位于第6位，2022年下降至20.17%，位于第9位。英国石油2022年指标值有所下降，说明公司在提升盈利能力方面仍需努力。为此，公司需要提升运营效率，增强市场竞争力，以实现持续稳定的盈利增长。

道达尔2016—2017年营业利润率由1.23%下降至1.15%，排名由第4位下降至第10位，2018—2019年由4.99%上升至5.31%，排名由第10位上升至第8位，2020年下降至−3.87%，位于第4位，2021—2022年由13.44%上升至19.19%，排名由第9位下降至第10位。道达尔的营业利润率波动较大，应加大对新技术的投资力度，以提升抗风险能力，以便在未来市场波动中维持稳定的利润率。

埃尼2016—2017年营业利润率由−10.83%上升至16.5%，排名由第9位上升至第5位，2018—2020年由16.44%下降至−11.84%，排名由第6位下降至第7位，2021年和2022年指标值在56%左右，2022年位于第3位，排名相对靠前。埃尼2021—2022年指标值的恢复表明公司正朝着稳定的运营方向发展，需要进一步巩固盈利能力。

挪威国油2016—2018年营业利润率由0.17%上升至25.3%，排名由第7位上升至第4位，又下降至第5位，2019—2020年由14.45%下降至−7.47%，排名由第3位下降至第5位，2021—2022年由37.02%上升至52.26%，排名稳定在第4位。可以看出挪威国油的营业利润率处于中上等水平，应持续优化运营策略，实施高效管理方法，保持稳定的盈利能力。

雪佛龙2016—2018年营业利润率由−7.65%上升至40.27%，排名由第8位上升至第3位，2019—2020年由8.12%下降至−9.25%，排名稳定在第6位。2021—2022年由35.96%上升至47.85%，排名由第5位下降至第

6位。整体排名波动较小，处于中等水平，雪佛龙应持续优化其运营和管理流程，实现排名突破。

赫斯2016—2019年营业利润率由-104.24%上升至0.82%，排名由第12位上升至第11位，2020年下降至-60.87%，排名位于第11位，2021—2022年由10.3%上升至21.16%，排名由第10位上升至第8位。整体来看赫斯指标值呈上升趋势，应保持这一增长势头。

伍德赛德2016—2018年营业利润率由45.18%上升至50.31%，排名由第1位下降至第2位，2019—2020年由44.04%下降至17.08%，排名由第2位上升至第1位，2021—2022年由44.77%上升至61.11%，排名由第3位上升至第2位。伍德赛德2016—2018年营业利润率较高，市场竞争力较强，2021—2022年指标值显著上升，在市场中处于领先地位。

中国石油2016—2022年营业利润率在2%~9%之间波动，2021年和2022年均位于第11位。中国石油的营业利润率整体表现较稳定，但始终处于较低水平。

中国石化2016—2020年营业利润率由4.01%下降至2.41%，排名由第2位先下降至第11位，又上升至第3位，2021年上升至4.1%，排名位于第12位，2022年下降至2.91%，排名位于第12位。2022年指标值下降，说明中国石化的盈利能力有所下降，应分析原因，努力缩小与国际领先公司的差距。

马拉松2016—2018年营业利润率由-19.28%上升至25.33%，排名由第11位上升至第4位，2019—2020年由12.25%下降至-38.24%，排名由第4位下降至第8位，2021—2022年由23.93%上升至49.17%，排名由第7位上升至第5位。马拉松营业利润率波动较大，后期增长势头良好，公司应提高对营业利润率的重视。

2022 年营业利润率排名位于前三位的公司是埃克森美孚、伍德赛德和埃尼，指标值分别为 80.77%、61.11% 和 56.13%。排名位于后三位的公司是道达尔、中国石油和中国石化，指标值分别是 19.19%、8.85% 和 2.91%。

三、创新发展维度对标分析

基于综合评价方法，对比分析 12 家对标公司 2016—2022 年创新发展维度的表现，表现评价如图 3-31 所示。

从创新发展维度排名来看，壳牌排名比较稳定，2020 年排名第 4 位，2021 年排名第 7 位，2022 年排名第 3 位，其余年份在第 5 名和第 6 名之间徘徊，整体表现较好，这主要与壳牌的研发投入增长率较高和研发投入强度较大有关。

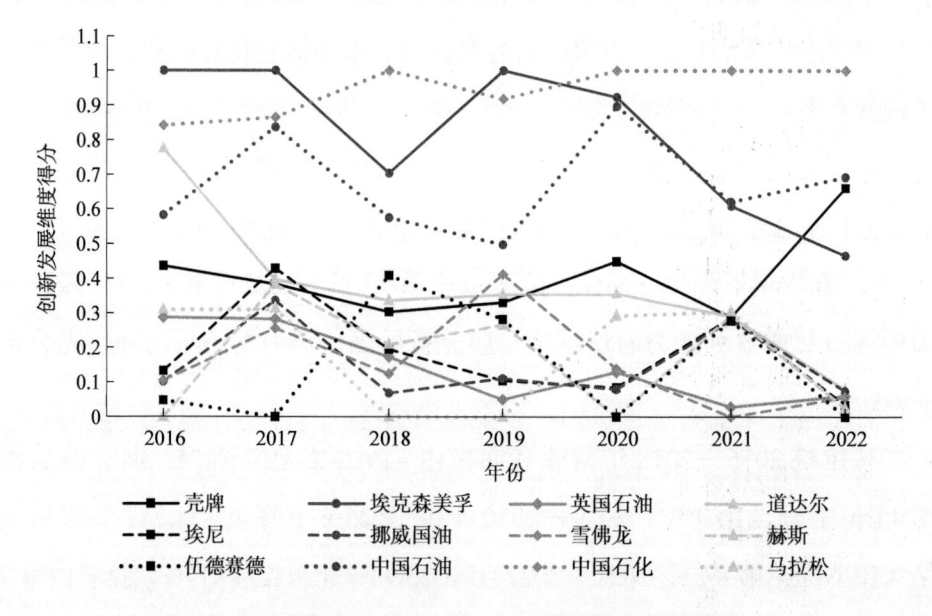

图 3-31 各对标公司 2016—2022 年创新发展维度表现评价

埃克森美孚2021年创新发展维度得分排名位于第3位，2022年位于第4位，其余年份排名均位于前两位，埃克森美孚表现优异，主要是因为其研发投入占比较高、研发投入强度较大，在创新发展方面具有一定的竞争力。

英国石油2016年创新发展维度得分排名位于第7位，2022年位于第7位，其余年份的排名波动区间为第8位至第11位。英国石油创新发展能力有待提升，排名降低与其研发投入强度偏低有关。

道达尔2016年创新发展维度得分排名位于第3位，2021年位于第6位，其余年份位于第5位，表现稳定，可以看出道达尔的创新发展能力较强，排名较高，这与其研发投入强度较大有关。

埃尼2017年创新发展维度得分排名位于第6位，其余年份排名位于第8位与第10位之间，整体表现处于行业中等偏下水平，其创新发展维度得分比较稳定，主要是因为研发投入占比指标值比较稳定。

挪威国油2017年创新发展维度得分排名位于第8位，2022年位于第6位，其余年份在第9位至第11位之间波动，2022年排名提升，主要是因为其研发投入增长率和研发投入占比都有所提升。

雪佛龙2019年创新发展维度得分排名位于第4位，2020年位于第7位，2021年位于第12位。雪佛龙在创新发展维度的表现相对滞后，这主要与其研发投入增长率比较低有关。

赫斯2016年创新发展维度得分排名位于第12位，2017—2018年位于第7位，2020年位于第11位，2021年位于第5位，2022年位于第10位，可以看出赫斯在创新发展维度表现较差，其研发投入增长率和研发投入占比都较低，还需进一步采取改进措施。

伍德赛德2018年创新发展维度得分排名位于第4位，2019年位于第7位，其余年份在第10位至第12位之间波动。伍德赛德在创新发展维度方面排名较低与其研发投入占比较低有关。

中国石油 2016 年创新发展维度得分排名位于第 4 位，其余年份均位于前 3 位，表现优异。中国石油的创新发展能力较强，并且研发投入强度较高，这使其具有明显的竞争优势。

2016—2022 年中国石化除了 2017 年指标值位于第 8 位，其余年份均位于前 3 位，中国石化近几年研发投入增长率较高，研发投入强度较高。

马拉松 2016 年和 2020 年指标值位于第 7 位，2017 年位于第 9 位，2018—2019 年位于第 12 位，2021 年位于第 4 位，2022 年位于第 11 位。马拉松创新发展维度得分排名波动较大，2021 年创新发展表现较好，研发投入增长率较高。

各对标公司应积极推动科技成果转化，不断完善现有的科技创新体制机制。

（一）研发投入增长率

各对标公司 2016—2022 年的研发投入增长率变化情况如图 3-32 所示。

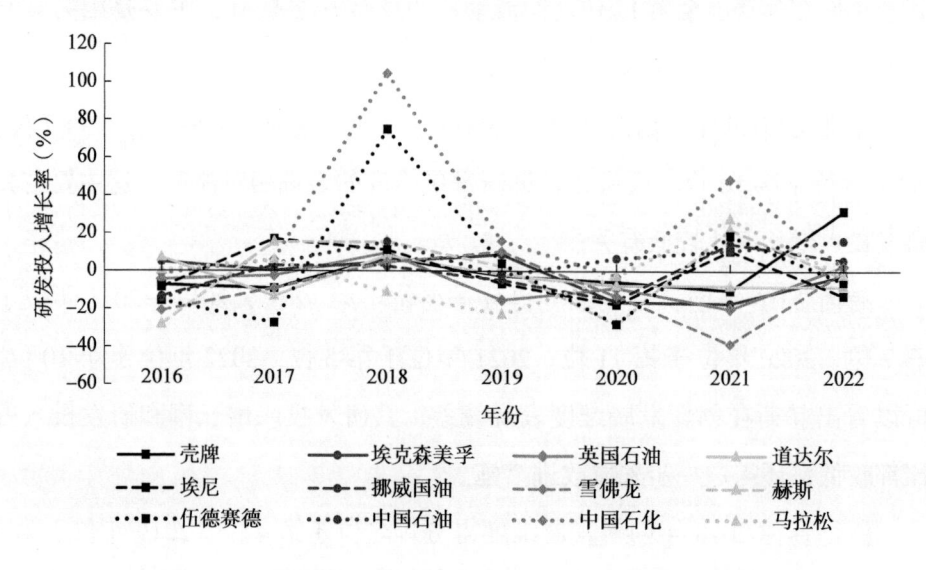

图 3-32　各对标公司 2016—2022 年研发投入增长率变化

第三章 ▶ 基于对标的定量对标结果分析

壳牌 2016—2017 年研发投入增长率由 –7.23% 下降至 –9.07%，排名由第 6 位下降至第 10 位，2018 年上升至 6.94%，位于第 8 位，2019—2021 年由 –2.43% 下降至 –10.14%，排名由第 8 位下降至第 9 位，2022 年上升至 31.9%，位于第 1 位。壳牌在 2022 年研发投入增长率有大幅上升，增长势头良好。

埃克森美孚 2016—2017 年研发投入增长率由 4.96% 下降至 0.47%，排名由第 2 位下降至第 7 位，2018—2019 年由 4.99% 上升至 8.78%，排名由第 9 位上升至第 3 位，2020—2022 年由 –16.31% 上升至 –2.25%，排名由第 9 位上升至第 8 位。埃克森美孚的研发投入增长率有所提升，但仍低于平均值，还需加大研发投入力度。

英国石油 2016—2018 年研发投入增长率由 –4.31% 上升至 9.72%，排名由第 5 位下降至第 6 位，2019 年下降至 –15.15%，位于第 11 位，2020 年上升至 –8.79%，位于第 6 位，2021 年下降至 –19.88%，位于第 11 位，2022 年上升至 3.01%，排名上升到第 4 位。英国石油的研发投入增长率有所提升，还需加大研发投入的力度。

道达尔 2016—2017 年研发投入增长率由 7.14% 下降至 –13.14%，从第 1 位下降至第 11 位，2018 年上升至 8.11%，位于第 7 位，2019—2022 年由 –1.83% 下降至 –7.52%，排名由第 6 位下降至第 11 位。可以看出道达尔的研发投入增长率处于较低水平，需采取相应措施，进一步增加研发投入。

埃尼 2016—2017 年研发投入增长率由 –8.52% 上升至 16.98%，从第 7 位上升至第 1 位，2018—2020 年由 11.2% 下降至 –17.63%，排名由第 5 位下降至第 10 位，2021—2022 年由 10.76% 下降至 –12.92%，排名由第 7 位下降至第 12 位。埃尼 2022 年的研发投入增长率显著下滑，需提升研发投入强度以扭转这一局面。

挪威国油2016—2017年研发投入增长率由–13.37%上升至3.02%，排名由第8位上升至第6位，2018—2020年由2.61%下降至–15.33%，排名从第11位上升至第8位，2021年上升至14.57%，2022年下降至5.84%，位于第3位。挪威国油2022年研发投入增长率有所降低，还需进一步加大研发投入以改善这一状况。

雪佛龙2016—2017年研发投入增长率由–20.8%上升至–9.03%，排名由第11位上升至第9位，2018—2021年由4.62%下降至–38.39%，2022年上升至0%，位于第6位。雪佛龙的研发投入增长率指标波动较大，表明其在该指标上仍存在较大改进空间。

赫斯2016—2018年研发投入增长率由–28.08%上升至15.8%，排名由第12位上升至第3位，2019—2020年由2.71%下降至–28.16%，排名由第5位下降至第12位，2021年上升至22.36%，位于第3位，2022年下降至–3.05%，位于第9位。赫斯2022年研发投入增长率为负值，表明其研发投入力度较前一年有所减弱，后续需加大研发投入力度。

伍德赛德2016—2017年研发投入增长率由–15.62%下降至–27.29%，排名从第10位下降到第12位，2018年指标值增长至74.87%，2019年下降到3.99%，2020—2021年呈上升趋势，从第11位上升到第4位，2022年下降到–5.66%，位于第10位。伍德赛德2022年研发投入经费可能较前一年有所减少，研发投入增长率表现较差。

中国石油2016年研发投入增长率为–14.61%，排名处于第9位，2018年达到15.52%，排名位于第4位，2019年降低到–2.25%，排名位于第7位，2020年研发投入增长率开始提升，2022年上升至16.17%，排名上升到第2位。整体来看，中国石油的研发投入增长率表现较好，2020—2022年研发投入增长率高于对标公司平均值。

中国石化 2016—2018 年研发投入增长率由 –1.36% 上升至 104.68%，排名由第 4 位上升至第 1 位，2019—2020 年由 15.96% 下降至 –2.48%，排名由第 1 位下降至第 2 位，2021 年上升至 48.7%，排名位于第 1 位，2022 年下降至 2.41%，位于第 5 位。中国石化 2022 年研发投入增长率指标值和指标排名有所降低，后续应加大研发投入力度。

马拉松 2016—2017 年研发投入增长率由 0.49% 上升至 5.85%，排名由第 3 位下降至第 4 位，2018—2019 年由 –11.06% 下降至 –22.8%，排名位于第 12 位，2020—2021 年从 –2.68% 上升到 27.93%，排名由第 3 位上升至第 2 位，2022 年指标值下降至 –1.99%，排名位于第 7 位。马拉松 2022 年研发投入增长率显著下降，应采取有效措施加强研发投入。

2022 年研发投入增长率排名位于前三位的公司是壳牌、中国石油和挪威国油，指标值分别为 31.9%、16.17% 和 5.84%。排名位于后三位的公司是伍德赛德、道达尔和埃尼，指标值分别是 –5.66%、–7.52% 和 –12.92%。

（二）研发投入占比

各对标公司 2016—2022 年研发投入占比变化情况如图 3-33 和图 3-34 所示。

壳牌 2016—2018 年研发投入占比由 3.08% 下降至 2.12%，2019—2020 年由 2.13% 上升至 3.27%，2021—2022 年由 1.81% 下降至 1.77%。2016—2022 年排名一直稳定在第 2 位，可以看出壳牌的研发投入占比表现较好，远高于对标公司平均值。

埃克森美孚 2016—2018 年研发投入占比由 5.34% 下降至 4.37%，2019—2020 年指标值由 5.25% 上升至 6.98%，2021—2022 年由 3.87% 下降至 1.82%，2016—2022 年排名一直位于第 1 位，可以看出埃克森美孚在研发投入占比方面表现优异，具有很强的竞争优势。

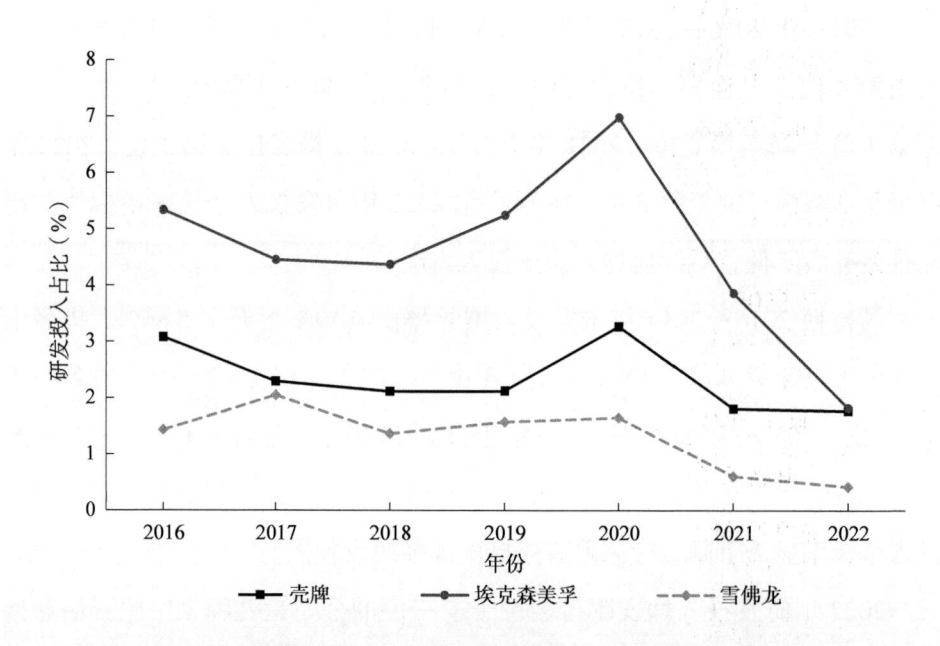

图 3-33　壳牌等 3 家对标公司 2016—2022 年研发投入占比变化

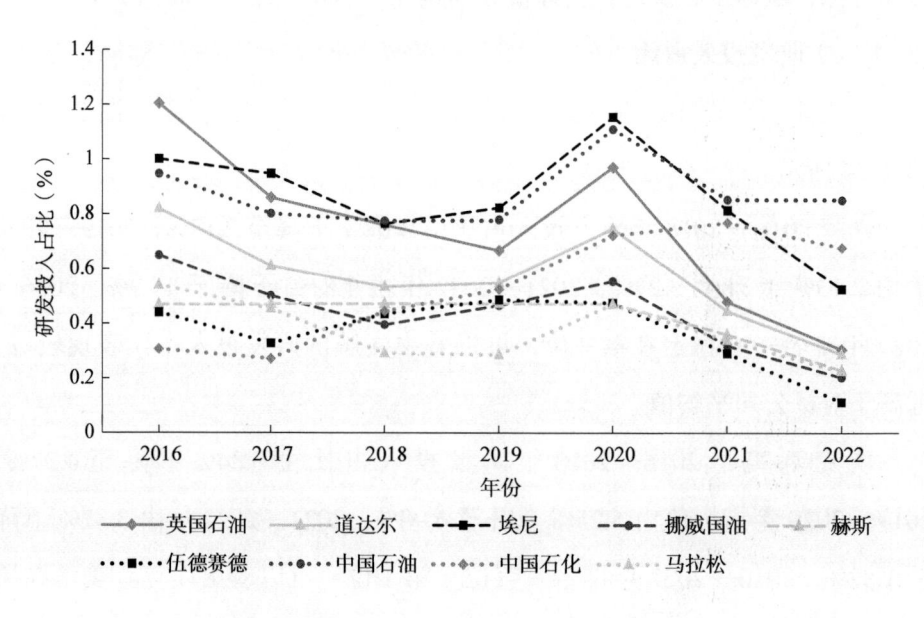

图 3-34　英国石油等 9 家对标公司 2016—2022 年研发投入占比变化

英国石油 2016—2019 年研发投入占比由 1.21% 下降至 0.67%，2020 年上升至 0.97%，2021—2022 年由 0.48% 下降至 0.31%，2018—2020 年该指标排名位于第 6 位，2021—2022 年位于第 7 位。可以看出英国石油的研发投入占比处于中下等水平，低于对标公司平均值，还需继续努力。

道达尔 2016—2018 年研发投入占比由 0.82% 下降至 0.54%，2019—2020 年由 0.55% 上升至 0.75%，2021—2022 年由 0.45% 下降至 0.29%，2016—2020 年排名位于第 7 位，2021—2022 年排名位于第 8 位。道达尔后期的研发投入占比不断降低，应重视并加大研发投入力度，提高研发投入占比。

埃尼 2016—2018 年研发投入占比由 1% 下降至 0.77%，2019—2020 年由 0.82% 上升至 1.16%，2021—2022 年由 0.81% 下降至 0.53%，2016 年、2018 年和 2022 年均位于第 5 位，其余年份位于第 4 位。可以看出埃尼的研发投入占比高于中等水平，但略低于对标公司平均值。

挪威国油 2016—2018 年研发投入占比由 0.65% 下降至 0.4%，2019—2020 年由 0.47% 上升至 0.55%，2021—2022 年由 0.32% 下降至 0.2%，2016 年和 2017 年位于第 8 位，2020 年位于第 9 位，其余年份位于第 11 位，挪威国油后期的研发投入占比表现较差，指标值呈下降趋势，与对标公司平均值相比有一定差距，还需继续努力。

雪佛龙 2016—2017 年研发投入占比由 1.44% 上升至 2.05%，2018—2020 年由 1.37% 上升至 1.65%，2021—2022 年由 0.61% 下降至 0.42%，2016—2020 年位于第 3 位，2021 年和 2022 年位于第 6 位。雪佛龙后两年的研发投入占比排名有所下降，还有较大的提升空间。

赫斯 2016—2020 年研发投入占比约为 0.47%，变化幅度较小，排名由第 10 位下降至第 11 位，2021—2022 年由 0.36% 下降至 0.23%，排名位于第 9 位。赫斯的研发投入占比表现不佳，应加大研发投入占比。

伍德赛德 2016—2017 年研发投入占比由 0.44% 下降至 0.33%，排名稳定在第 11 位，2018—2019 年由 0.44% 上升至 0.49%，排名由第 10 位上升至第 9 位，2020—2022 年由 0.47% 下降至 0.11%，排名由第 10 位下降至第 12 位。伍德赛德近两年的研发投入占比指标处于对标公司最低水平，还需加大研发投入力度。

中国石油 2016—2018 年研发投入占比由 0.95% 下降至 0.78%，排名由第 6 位上升至第 4 位，2019—2022 年由 0.78% 上升至 0.85%，排名由第 5 位上升至第 3 位。中国石油的研发投入占比指标表现较好，近几年排名位于前列。

中国石化 2016—2017 年研发投入占比由 0.31% 下降至 0.27%，排名稳定在第 12 位，2018—2021 年由 0.45% 上升至 0.77%，排名由第 9 位上升至第 5 位，2022 年下降至 0.68%，位于第 4 位。中国石化的研发投入占比指标表现较好，2022 年研发投入占比高于对标公司平均值。

马拉松 2016—2019 年研发投入占比由 0.54% 下降至 0.29%，排名由第 9 位下降至第 12 位，2020 年指标值为 0.147%，位于第 12 位，2021 年上升至 0.34%，位于第 10 位，2022 年下降至 0.23%，位于第 10 位。马拉松 2022 年的研发投入占比有所提升，但与对标公司平均值相比还有差距，还需继续努力。

2022 年研发投入占比排名位于前三位的公司是埃克森美孚、壳牌和中国石油，指标值分别为 1.82%、1.77% 和 0.85%。排名位于后三位的公司是马拉松、挪威国油和伍德赛德，指标值分别是 0.23%、0.2% 和 0.11%。

（三）研发投入强度

各对标公司 2016—2022 年研发投入强度变化情况如图 3-35 和图 3-36 所示。

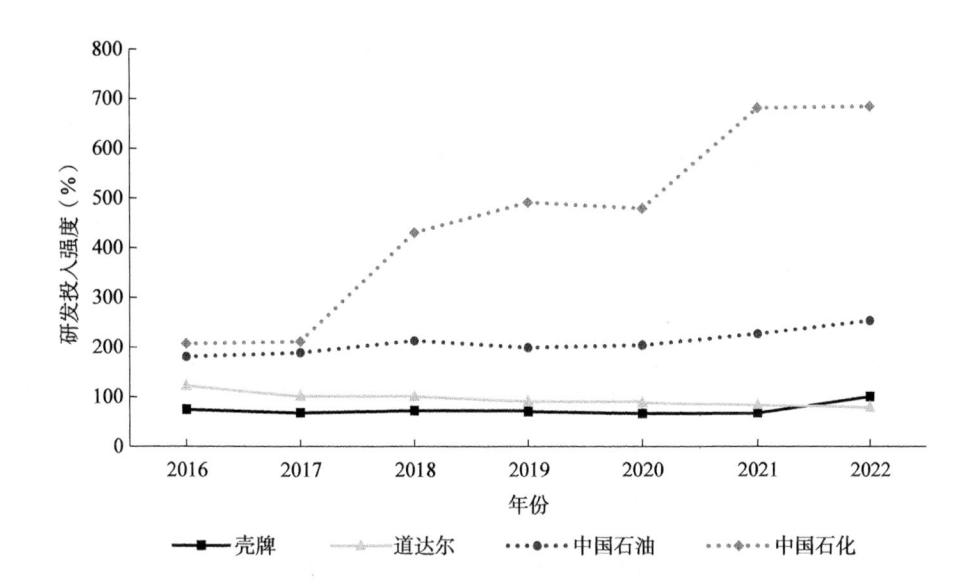

第三章 ▶ 基于对标的定量对标结果分析

图 3-35 壳牌等 4 家对标公司 2016—2022 年研发投入强度变化

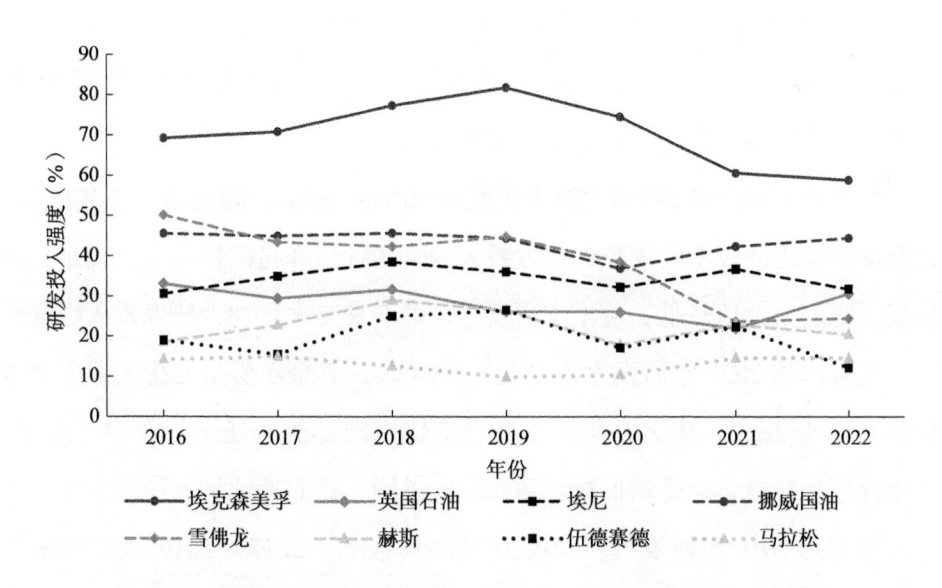

图 3-36 埃克森美孚等 8 家对标公司 2016—2022 年研发投入强度变化

壳牌 2016—2019 年研发投入强度由 74.42% 下降至 70.51%，2020—2021 年由 66.57% 上升至 67.42%，排名在第 4 位至第 5 位之间波动，2022 年大幅增长至 100.25%，排名上升至第 3 位。可以看出壳牌的研发投入强度高于中等水平，但研发投入强度指标值略低于对标公司平均值，还需继续努力。

埃克森美孚 2016—2019 年由 69.25% 上升至 81.83%，2020—2022 年由 74.57% 下降至 58.77%，排名在第 4 位和第 5 位之间徘徊。埃克森美孚的研发投入强度近几年呈下降趋势，应重视研发投入情况，加大研发投入力度。

英国石油 2016—2022 年研发投入强度在 22%～33% 之间波动，排名在第 8 位至第 11 位之间波动。可以看出英国石油的研发投入强度排名较低，指标值也较低，还需继续努力，减少与其他对标公司的差距。

道达尔 2016—2018 年研发投入强度均高于 100%，2019—2022 年呈下降趋势，从 91.41% 下降至 78.95%，2016—2021 年排名一直位于第 3 位，2022 年下降至第 4 位。道达尔的研发投入强度指标排名虽然较高，但其指标值近几年呈下降趋势，还需加大研发投入强度。

埃尼 2016—2022 年研发投入强度在 30%～39% 之间波动，排名在第 7 位至第 9 位之间波动。埃尼的研发投入强度指标值和指标排名变化较小，研发投入强度指标值较低，应增加研发方面的经费支出，加大研发投入强度。

挪威国油 2020 年研发投入强度为 36.87%，其余年份研发投入强度基本保持在 45% 左右，排名在第 6 位和第 7 位之间徘徊，处于行业中等水平，但指标值与对标公司平均值相比还有较大差距，还需持续加大研发投入。

雪佛龙 2016 年研发投入强度为 50.12% 左右，2017—2019 年在 43% 左右，2020 年下降至 38.54%，2021 年和 2022 年在 24% 左右，2016—2020 年排名在第 6 位和第 7 位之间波动，2021—2022 年排名由第 8 位下降至第 9

位。雪佛龙的研发投入强度整体呈下降趋势，应提升对研发投入强度的重视，加大管理力度。

赫斯2016—2018年研发投入强度由18.6%上升至29.09%，2019—2020年由26.48%下降至17.87%，2021年上升至22.85%，2022年下降至20.45%，2016—2022年排名在第9位至第11位之间波动。赫斯在2022年的研发投入强度有所下降，与对标公司平均值相比还有较大差距，需采取有效措施，提升研发投入强度。

伍德赛德2016—2021年研发投入强度在15%～26%之间，2022年创历史新低，指标值为12.14%，排名位于第12位。伍德赛德2022年的研发投入强度有所下降，远低于对标公司平均值，还需继续努力。

中国石油2016—2018年研发投入强度由180.54%增长至213.13%，2019年下降至199.12%，2020—2022年指标值由204.06%上升至253.54%，2016—2022年排名一直稳定在第2位。中国石油在研发投入强度方面表现较好，仅次于中国石化。

中国石化2016—2019年研发投入强度由207.59%上升至491.46%，2020年下降至479.15%，2021—2022年指标值由681.74%上升至684.95%，2016—2022年排名一直稳定在第1位。可以看出中国石化在研发投入强度方面表现突出，处于对标公司最优水平。

马拉松2016—2022年研发投入强度在9.8%～15%之间波动，2016—2021年排名位于第12位，2022年上升至第11位。马拉松的研发投入强度一直处于最低水平，后续需采取有效措施来提高研发投入强度。

2022年研发投入强度排名位于前三位的公司是中国石化、中国石油和壳牌，指标值分别为684.95%、253.53%和100.25%。排名位于后三位的公司是赫斯、马拉松和伍德赛德，指标值分别是20.45%、14.54%和12.14%。

四、绿色低碳维度对标分析

基于综合评价方法，对比分析12家对标公司2016—2022年绿色低碳维度的表现，表现评价如图3-37所示。

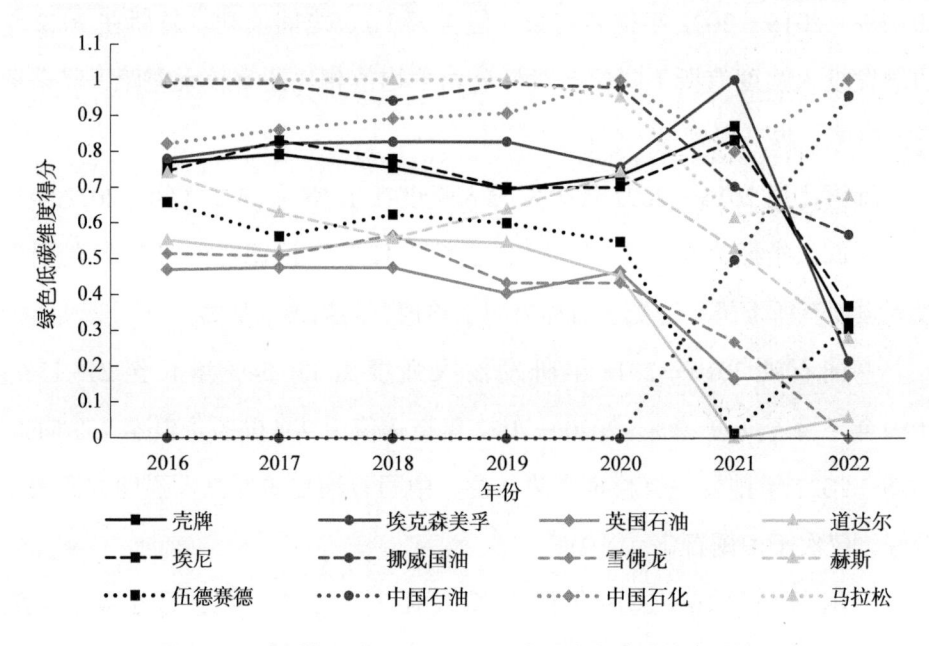

图3-37 各对标公司2016—2022年绿色低碳维度表现评价

中国石化2020年和2022年绿色低碳维度排名位于第1位之外，其余年份位于前5位，可以看出中国石化在绿色低碳方面表现优异，其有害废弃物和无害废弃物均得到了有效处理。

中国石油2021年和2022年绿色低碳维度排名分别位于第8位和第2位，其余年份排名均位于12位，可以看出中国石油2020年之后在绿色低碳方面表现较好，相比前几年排名明显提升，这主要是因为其桶油温室排放量有所减少，二氧化硫和氮氧化物排放强度也有所下降。

壳牌 2016—2022 年绿色低碳维度排名有所波动，2021 年排名有所提升，位于第 2 位，但 2022 年排名下降至第 7 位，排名下降主要是因为其桶油无害废弃物排放量在 2021 年后有大幅上升，壳牌还需进一步加强废弃物管理。

英国石油 2016—2019 年绿色低碳维度排名稳定在第 11 位，2020 年排名上升至第 9 位，2021—2022 年排名位于第 10 位。英国石油绿色低碳维度排名较低，主要是因为其有害废弃物和无害废弃物不能被完全处理，还需持续加强废弃物管理。

埃克森美孚 2016—2022 年绿色低碳维度排名稳定在前 5 位，2021 年位于第 1 位，2022 年下降至第 9 位，埃克森美孚 2022 年该维度排名下降与其氮氧化物排放量增加有关。

道达尔 2016—2020 年绿色低碳维度排名在第 9 位和第 10 位之间波动，2021 年之后排名有所下降，位于第 12 位，2022 年上升至第 11 位。道达尔在 2020 年之后排名呈下降趋势，主要是因为其桶油无害废弃物排放量有所上升。

埃尼 2016 年和 2017 年绿色低碳维度排名分别位于第 6 位和第 4 位，2018 年和 2019 年位于第 5 位，2020 年位于第 7 位，2021 年排名上升至第 3 位，2022 年排名下降至第 5 位。总体来看，埃尼绿色低碳维度排名较稳定，其桶油温室气体排放量较低，桶油有害废弃物和无害废弃物处理量较高。

挪威国油 2016—2020 年绿色低碳维度排名位于第 2 位，2021 年排名下降至第 5 位，2022 年排名上升至第 4 位。挪威国油绿色低碳维度整体排名稳定，这是因为其近几年废弃物产生量和处理量变化较小，并且桶油温室气体排放量和二氧化硫排放强度较低。

雪佛龙 2016—2020 年绿色低碳维度排名较稳定，在第 8 位和第 12 位之间波动，2021 年排名位于第 9 位，2022 年下降至第 12 位。雪佛龙排名下滑的主要原因在于其桶油有害废弃物产量增加，同时无害废弃物的处理量有所减少。

赫斯 2016—2022 年绿色低碳维度排名波动较大，2016 年、2017 年、2019 年和 2021 年均位于第 7 位，2018 年位于第 9 位，2020 年位于第 5 位，2022 年下降至第 8 位。赫斯的指标值整体呈下降趋势的主要原因是其桶油有害废弃物处理量较低，氮氧化物排放强度较高。

伍德赛德 2018 年绿色低碳维度排名位于第 7 位，2021 年排名位于第 11 位，2022 年位于第 6 位，其余年份均位于第 8 位。可以看出伍德赛德在绿色低碳方面表现较差，这主要是因为其桶油有害废弃物和无害废弃物处理量较低。

马拉松 2016—2019 年绿色低碳维度排名位于第 1 位，2020 年排名位于第 3 位，2021 年下降至第 6 位，2022 年排名上升至第 3 位。可以看出马拉松在绿色低碳维度表现较好，主要是因为其桶油温室气体排放量少，二氧化碳排放强度较低。

（一）桶油有害废弃物产量

各对标公司 2016—2022 年桶油有害废弃物产量变化情况如图 3-38 所示，桶油有害废弃物产量越低越好。

中国石油 2016—2022 年一直保持着较高的桶油有害废弃物产量，2021 年桶油有害废弃物产量有所下降，为 8.59 吨/万桶，仍高于对标公司桶油有害废弃物产量平均值 5.57 吨/万桶，处于对标公司中等偏下水平，中国石油在桶油有害废弃物产量控制方面还需加大力度。

埃尼 2016—2022 年桶油有害废弃物产量波动较大，2017 年桶油有害废弃物产量较上一年上升至 11.69 吨/万桶，2018—2020 年稳定在 8 吨/万桶左右，2021 年指标值为 9.25 吨/万桶，2022 年上升至 20.26 吨/万桶。2022 年桶油有害废弃物产量增长较多，远高于对标公司桶油有害废弃物产量平均值。

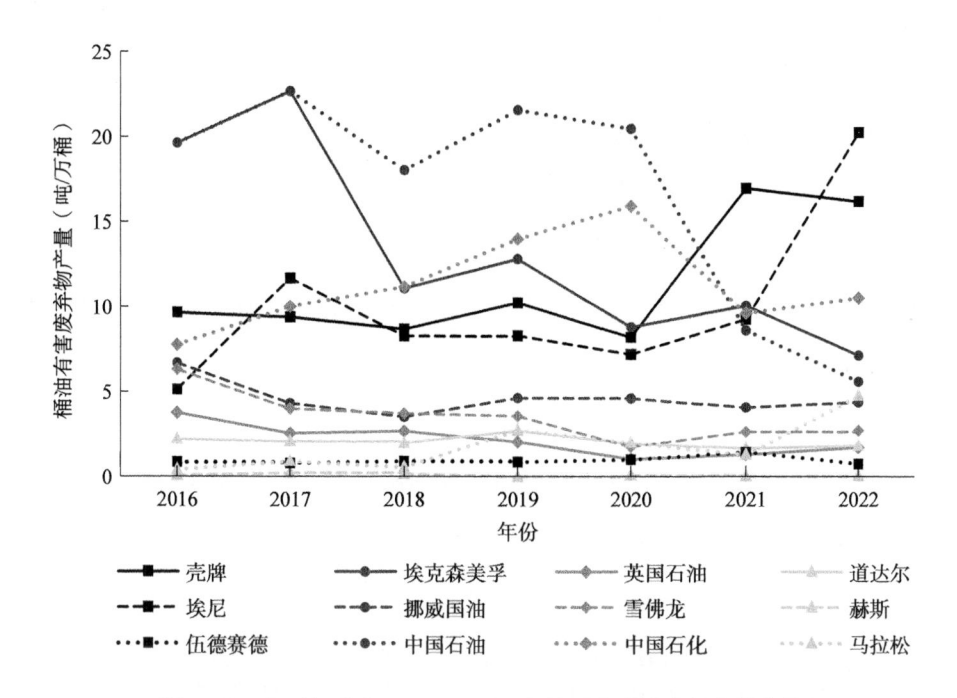

图 3-38　各对标公司 2016—2022 年桶油有害废弃物产量变化

道达尔 2016—2022 年桶油有害废弃物产量整体稳定，由 2016 年的 2.23 吨/万桶下降至 2022 年的 1.82 吨/万桶，2016—2022 年的指标值在 1～3 吨/万桶之间波动，可以看出其有害废弃物产量较稳定，但与对标公司最低值 0.04 吨/万桶相比还有一定差距，还需继续努力。

雪佛龙 2016—2022 年桶油有害废弃物指标值整体呈下降趋势，由 2016 年的 6.32 吨/万桶下降至 2022 年的 2.74 吨/万桶，排名基本稳定在第 6 位。可以看出雪佛龙在减少有害废弃物生产方面采取了有效措施，废弃物产量得到了一定程度的控制，其桶油有害废弃物产量明显低于对标公司桶油有害废弃物产量平均值。

挪威国油 2016—2022 年桶油有害废弃物产量有所下降，由 2016 年的

6.69 吨/万桶下降至 2022 年的 4.38 吨/万桶，排名基本稳定在第 7 位。挪威国油 2022 年的桶油有害废弃物产量低于平均值，但还需继续努力，采取措施进一步降低桶油有害废弃物产量。

赫斯 2016—2022 年桶油有害废弃物产量在对标公司中处于最低水平，特别是 2021 年，桶油有害废弃物产量为 0.02 吨/万桶，处于最低值，2016—2022 年该指标排名稳居第 1 位，可以看出赫斯在有害废弃物产量控制方面表现优异。

壳牌 2016—2022 年桶油有害废弃物产量有所波动，2018 年和 2020 年均有所下降，2021 年和 2022 年分别达到 16.96 吨/万桶和 16.19 吨/万桶，排名分别位于第 12 位和第 11 位，可以看出其与对标公司桶油有害废弃物产量平均水平还有较大差距，还需继续努力。

英国石油 2016—2022 年桶油有害废弃物产量指标值整体呈下降趋势，由 2016 年的 3.78 吨/万桶下降至 2022 年的 1.72 吨/万桶，排名也由 2016 年的第 5 位上升至 2022 年的第 3 位，可以看出英国石油在不断优化降低桶油有害废弃物产量的措施。

伍德赛德的桶油有害废弃物产量在 2021 年达到最大值，为 1.42 吨/万桶，指标排名也由 2020 年的第 2 位下降至 2021 年的第 4 位，2022 年桶油有害废弃物产量降低到 0.74 吨/万桶，明显低于平均值。

埃克森美孚 2016—2022 年桶油有害废弃物产量波动较大，在 2017 年桶油有害废弃物产量上升到 22.68 吨/万桶，2022 年下降至 7.13 吨/万桶，排名也由第 12 位上升至第 9 位，可以看出其在桶油有害废弃物产量方面还需继续努力，还有较大的进步空间。

中国石化 2016—2022 年桶油有害废弃物产量波动幅度较大，但其指标排名基本稳定在第 10 位，2022 年其桶油有害废弃物产量达到 10.53 吨/万桶，明显高于平均值，中国石化需要采取有效措施来降低桶油有害废弃物产量。

马拉松 2016—2022 年桶油有害废弃物产量较低，每年的指标值均低于平均值，整体排名较好，在桶油有害废弃物产量控制方面表现优异。

2022 年桶油有害废弃物产量排名前三位的公司是赫斯、伍德赛德和英国石油，伍德赛德桶油有害废弃物产量为 0.7 吨/万桶，英国石油为 1.67 吨/万桶；2022 年桶油有害废弃物产量排名后三位的公司是中国石化、壳牌和埃尼，指标值分别为 10.53 吨/万桶、16.19 吨/万桶、20.26 吨/万桶，可以看出埃尼的桶油有害废弃物产量较高，中国石化、埃尼、壳牌等公司在桶油有害废弃物产量管理方面还需继续努力。

（二）桶油有害废弃物处理量

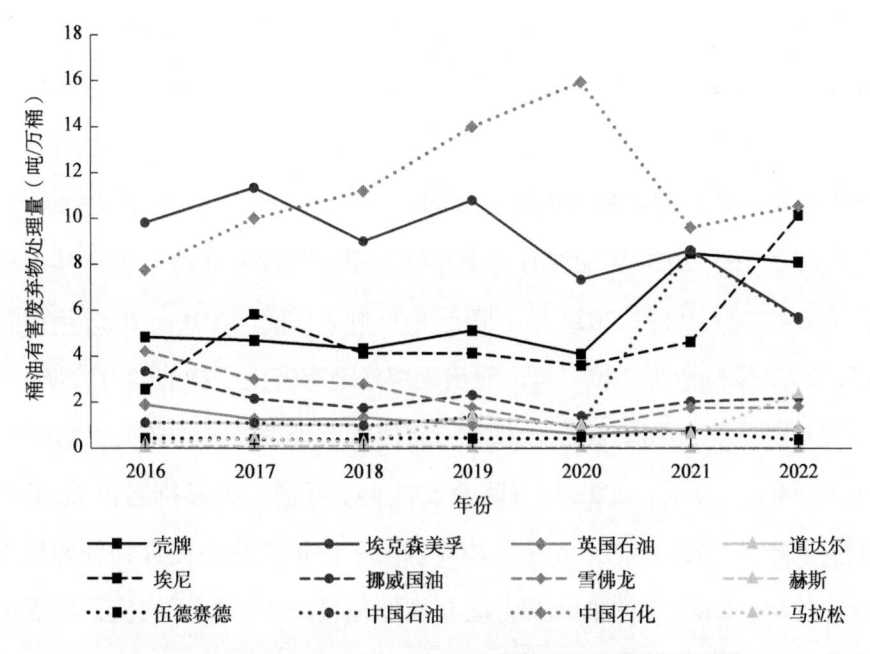

各对标公司 2016—2022 年桶油有害废弃物处理量变化情况如图 3-39 所示。

图 3-39　各对标公司 2016—2022 年桶油有害废弃物处理量变化

中国石油2016—2022年桶油有害废弃物处理量有所增加，2016—2020年桶油有害废弃物处理量无较大变化，2020年桶油有害废弃物处理量为0.98吨/万桶，2021年上升至8.59吨/万桶，2022年下降至5.6吨/万桶，排名由2021年的第3位下降至2022年的第5位。中国石油2021—2022年有害废弃物在产生后能够被有效处理，可以看出其在桶油有害废弃物处理方面表现较好。

中国石化2016—2020年桶油有害废弃物处理量稳步上升，由2016年的7.76吨/万桶上升至2020年的15.93吨/万桶，2021年下降至9.61吨/万桶，2022年上升至10.53吨/万桶，中国石化2018—2022年排名始终位于第1位。可以看出中国石化采取了有效措施，在桶油有害物废弃物处理方面表现较为优异。

马拉松2016—2022年桶油有害废弃物处理量波动较大，2016—2019年上升明显，由2016年的0.21吨/万桶上升至2019年的1.38吨/万桶，2021年下降至0.64吨/万桶，2022年上升至2.38吨/万桶，2016年排名位于第11位，2022年排名位于第11位。马拉松后期的桶油有害废弃物处理量明显低于对标平均值，存在较大的进步空间。

壳牌2016—2020年桶油有害废弃物处理量无较大波动，2021年有所提高，为8.48吨/万桶，2022年下降至8.09吨/万桶，2016—2022年排名较稳定，2022年位于第3位。可以看出壳牌处理有害废弃物的能力较强。

埃克森美孚2016—2022年桶油有害废弃物处理量波动较大，2017年提高至11.34吨/万桶，2022年下降至5.71吨/万桶，指标排名由2016年的第1位下降至2022年的第4位。埃克森美孚的桶油有害废弃物处理量整体呈下降趋势，2022年的桶油有害废弃物处理量高于对标平均值，还需进一步采取措施，加大有害废弃物处理力度。

挪威国油 2016—2022 年桶油有害废弃物处理量变化不大，除 2018 年和 2020 年分别为 1.77 吨/万桶和 1.41 吨/万桶外，其余年份均保持在 2~3.35 吨/万桶之间，指标排名在第 5 位和第 7 位之间波动。可以看出挪威国油的桶油有害废弃物处理量处于中等水平，其 2022 年的桶油有害废弃物处理量低于平均值。

埃尼 2016—2022 年桶油有害废弃物处理量有较大提升，由 2016 年的 2.56 吨/万桶提升至 2022 年的 10.13 吨/万桶，排名也由 2016 年的第 6 位上升至 2022 年的第 2 位。埃尼 2022 年桶油有害废弃物处理量较 2021 年提升较大，表明其在有害废弃物处理量方面表现较好。

雪佛龙 2016—2020 年桶油有害废弃物处理量呈下降趋势，由 2016 年的 4.21 吨/万桶降至 2020 年的 0.89 吨/万桶，之后又有所上升，2022 年指标值上升至 1.82 吨/万桶，2016 年排名位于第 4 位，2022 年降至第 8 位。近几年雪佛龙桶油有害废弃物处理量增长幅度较小，指标排名有所下降，雪佛龙还需进一步采取措施，提升有害废弃物处理量。

道达尔 2016—2018 年桶油有害废弃物处理量呈下降趋势，由 2016 年的 1.11 吨/万桶下降至 2018 年的 1 吨/万桶，2019 年上升至 1.36 吨/万桶，2022 年为 0.91 吨/万桶，2016—2022 年排名基本保持在第 8 位。可以看出道达尔的桶油有害废弃物处理量低于行业中等水平，指标值远低于对标平均值，存在较大的进步空间。

英国石油 2016—2018 年桶油有害废弃物处理量在 1.29~1.89 吨/万桶之间变化，这几年的排名均位于第 7 位，其 2020 年桶油有害废弃物处理量下降至 0.63 吨/万桶，2019—2022 年指标排名基本保持在第 10 位，英国石油近几年桶油有害废弃物处理量上升幅度较小，2022 年为 0.86 吨/万桶，远低于对标平均值 4.05 吨/万桶，还需继续努力。

赫斯 2016—2022 年桶油有害废弃物处理量变化不大，2017 年为 0.11 吨/万桶，2018 年为 0.08 吨/万桶，其余年份均在 0.008～0.05 吨/万桶之间变化，2016—2022 年指标排名位于第 12 位。可以看出赫斯的桶油有害废弃物处理量在对标公司中处于最低水平，主要是因为其桶油有害废弃物产量比较低。

伍德赛德 2016—2022 年桶油有害废弃物处理量变化较小，2021 年达到最高值 0.71 吨/万桶，2016—2022 年指标排名靠后，2022 年排名位于第 11 位。伍德赛德的桶油有害废弃物处理量也比较低，还需持续提升废弃物处理能力。

2022 年桶油有害废弃物处理量排名前三位的公司是中国石化、埃尼和壳牌，中国石化的桶油有害废弃物处理量为 10.53 吨/万桶，埃尼的桶油有害废弃物处理量为 10.13 吨/万桶。2022 年有害废弃物处理量排名后三位的石油公司是英国石油、伍德赛德和赫斯，赫斯的有害废弃物处理量为 0.02 吨/万桶，远低于对标公司有害废弃物处理量平均值 4.05 吨/万桶。

（三）桶油无害废弃物产量

各对标公司 2016—2022 年桶油无害废弃物产量变化情况如图 3-40 所示。该指标值越低越好。

马拉松 2016—2019 年桶油无害废弃物产量不断上升，由 2016 年的 0.69 吨/万桶上升至 2019 年的 9.36 吨/万桶，2019—2021 年指标值下降，2021 年下降至 4.08 吨/万桶，2022 年又上升至 6.92 吨/万桶。此外，指标排名方面，2016 年、2017 年和 2018 年分别位于第 2 位、第 3 位和第 5 位，其余年份均位于第 6 位，可以看出马拉松近几年的桶油无害废弃物产量处于中等水平。

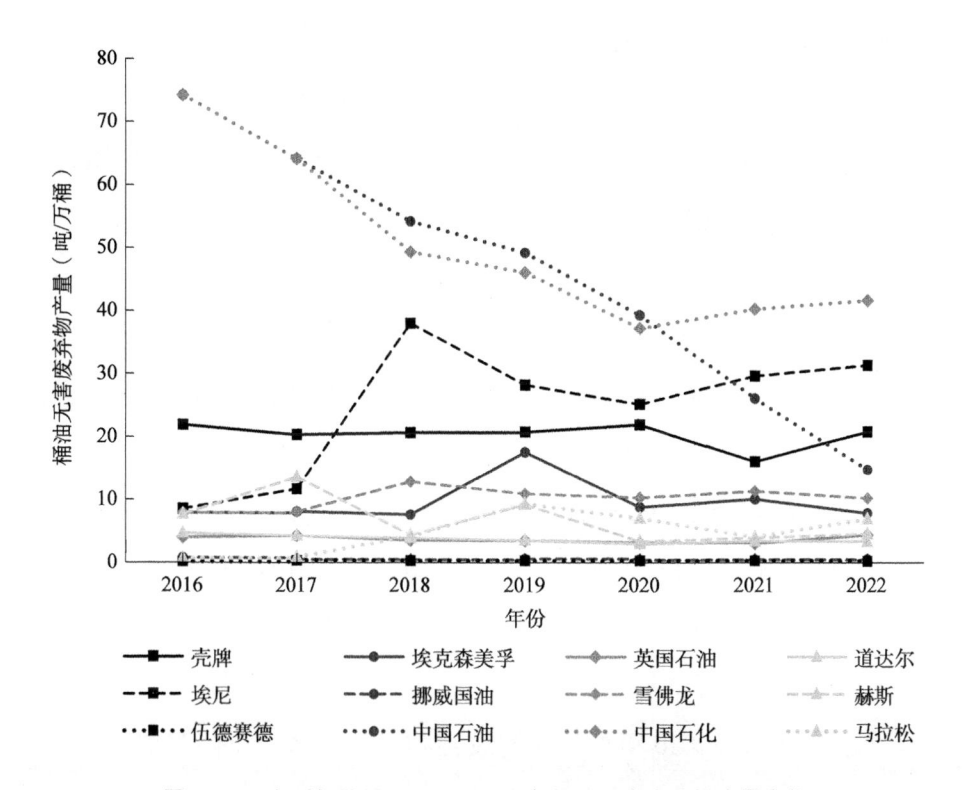

第三章 ▶ 基于对标的定量对标结果分析

图 3-40　各对标公司 2016—2022 年桶油无害废弃物产量变化

伍德赛德 2017 年桶油无害废弃物产量为 0.35 吨 / 万桶，较 2016 年有所增加，2018—2020 年基本保持稳定，2020 年为 0.29 吨 / 万桶，之后指标值有所下降，2022 年下降至 0.23 吨 / 万桶，2016—2022 年排名基本稳定，始终位于第 1 位，可以看出伍德赛德在桶油无害废弃物产量方面表现优异。

赫斯 2016—2022 年桶油无害废弃物产量变化较大，2017 年达到最大值 13.62 吨 / 万桶，2022 年下降至 4.57 吨 / 万桶，排名基本稳定在第 5 位。可以看出赫斯的桶油无害废弃物产量处于中等水平，低于平均值，与对标公司中的最优水平还有一定距离，还需继续减少桶油无害废弃物产量。

挪威国油 2016—2018 年桶油无害废弃物产量有所下降，由 2016 年的

0.76 吨/万桶下降至 2018 年的 0.45 吨/万桶，2019 年上升至 0.59 吨/万桶，2022 年有所降低，为 0.53 吨/万桶，排名除 2016 年位于第 3 位之外，其余年份均位于第 2 位。可以看出挪威国油近几年的桶油无害废弃物产量较低，指标排名靠前，表现较好。

中国石油 2016—2022 年桶油无害废弃物产量呈下降趋势，由 2016 年的 74.19 吨/万桶降低至 2022 年的 14.74 吨/万桶，2016—2020 年排名始终位于第 12 位，2021 和 2022 年排名有所提升，分别位于第 9 位和第 10 位。

中国石化 2016—2020 年桶油无害废弃物产量不断下降，由 2016 年的 74.19 吨/万桶下降至 2020 年的 37.27 吨/万桶，2021—2022 年有所上升，2022 年为 41.66 吨/万桶，2016—2022 年排名在第 12 位和第 11 位之间波动，可以看出中国石化的桶油无害废弃物产量处于较高水平，未来还需在无害废弃物产量方面加大控制力度。

道达尔 2016—2020 年桶油无害废弃物产量整体呈下降趋势，由 2016 年的 4.69 吨/万桶下降至 2020 年的 3.01 吨/万桶，2021 年上升至 3.4 吨/万桶，2022 年下降至 3.34 吨/万桶，排名基本稳定在第 4 位。可以看出道达尔的桶油无害废弃物产量优于行业中等水平，近几年的桶油无害废弃物产量远低于平均值。

埃尼 2016—2018 年指标值呈上升趋势，由 2016 年的 8.55 吨/万桶上升至 2018 年的 38.04 吨/万桶，2018—2020 年呈下降趋势，2020 年下降至 25.15 吨/万桶，之后又开始上升，2022 年上升至 31.31 吨/万桶。整体来看，2016—2022 年排名有所降低，由 2016 年的第 9 位下降至 2022 年的第 11 位。埃尼近几年的桶油无害废弃物产量远高于平均值，还需继续努力，以减少无害废弃物产量。

雪佛龙 2016—2018 年桶油无害废弃物产量呈上升趋势，由 2016 年的

7.9 吨/万桶上升至 2018 年的 12.86 吨/万桶，2018—2020 年呈下降趋势，2020 年下降至 10.31 吨/万桶，2021 年提高至 11.31 吨/万桶，2022 年下降至 10.24 吨/万桶，2016—2022 年排名基本稳定在第 7 位、第 8 位，可以看出雪佛龙的桶油无害废弃物产量低于中等水平。

壳牌 2017—2019 年桶油无害废弃物产量基本稳定，在 20.5 吨/万桶左右，2020 年上升至 21.89 吨/万桶，2021 年下降至 16.03 吨/万桶，2022 年上升至 20.78 吨/万桶，排名除 2018—2021 年位于第 9 位之外，其余年份位于第 10 位，壳牌近几年的桶油无害废弃物产量高于平均值，还需继续努力。

埃克森美孚 2018—2019 年桶油无害废弃物产量有所上升，由 2018 年的 7.63 吨/万桶上升至 2019 年的 17.53 吨/万桶，2020 年下降至 8.81 吨/万桶，2021 年上升至 10.05 吨/万桶，2022 年下降至 7.85 吨/万桶，排名基本稳定在第 7 位和第 8 位。埃克森美孚近几年的桶油无害废弃物产量低于平均值，但与对标公司最优水平相比还有一定差距。

英国石油 2016—2017 年桶油无害废弃物产量有所上升，2017 年为 4.32 吨/万桶，2018—2021 年有所下降，由 2018 年的 3.56 吨/万桶下降到 2021 年的 3.05 吨/万桶，2022 年上升至 4.4 吨/万桶，2016—2022 年排名在第 4 位左右波动，可以看出英国石油的桶油无害废弃物产量优于行业中等水平。

2022 年桶油无害废弃物产量排名前三位的是伍德赛德、挪威国油和道达尔，其中伍德赛德桶油无害废弃物产量为 0.23 吨/万桶。2022 年桶油无害废弃物产量排名后三位的是壳牌、埃尼和中国石化，2022 年壳牌的桶油无害废弃物产量为 20.78 吨/万桶，高于指标平均值 12.21 吨/万桶，埃尼的桶油无害废弃物产量为 31.31 吨/万桶，中国石化的桶油无害废弃物产量为 41.66 吨/万桶。

（四）桶油无害废弃物处理量

各对标公司 2016—2022 年桶油无害废弃物处理量变化情况如图 3-41 所示。

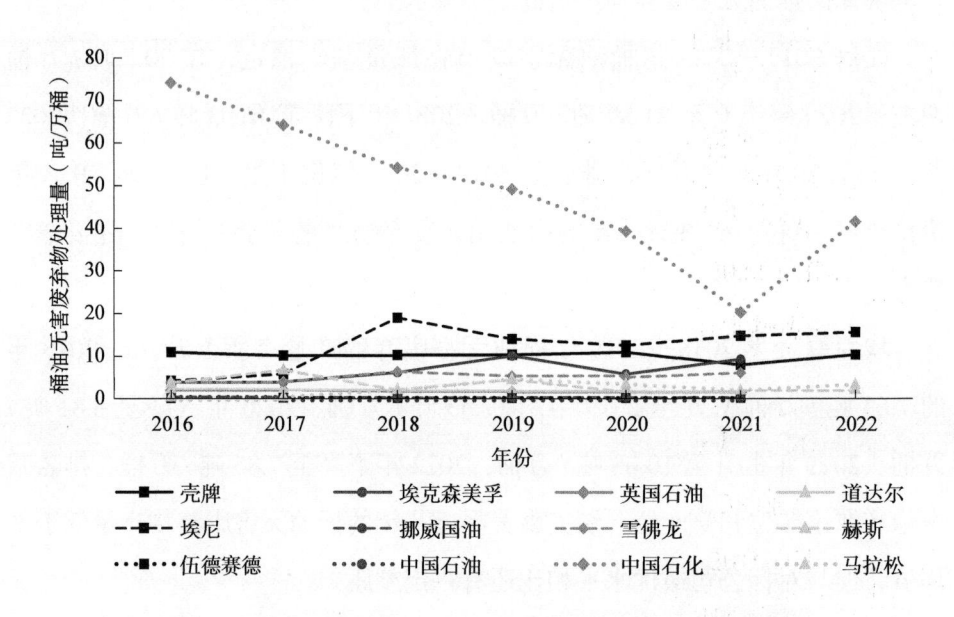

图 3-41 各对标公司 2016—2022 年桶油无害废弃物处理量变化

马拉松 2016—2019 年桶油无害废弃物处理量逐年上升，由 2016 年的 0.35 吨/万桶上升至 2019 年的 4.68 吨/万桶，2019—2021 年有所下降，2021 年下降至 2.04 吨/万桶，2022 年上升至 3.46 吨/万桶，马拉松 2018—2022 年排名在第 6 位和第 7 位之间波动。总体来看，马拉松的桶油无害废弃物处理量较低，还需加大处理力度。

伍德赛德 2016—2017 年桶油无害废弃物处理量上升，由 2016 年的 0.08 吨/万桶上升至 2017 年的 0.18 吨/万桶，2017—2019 年有所下降，2019 年下降至 0.14 吨/万桶，2020 年上升至 0.15 吨/万桶，之后开始逐渐下降，

2022年下降至0.12吨/万桶，伍德赛德2016—2022年排名较稳定，2021年排名位于第11位，其余年份保持在第12位，伍德赛德多数年份的桶油无害废弃物处理量处于最低水平。

赫斯2016—2017年桶油无害废弃物处理量上升，2017年为6.81吨/万桶，2018年下降至2.21吨/万桶，2019年又上升至4.61吨/万桶，2020年有所下降，2022年上升至2.28吨/万桶。整体来看，赫斯2016—2022年排名呈下降趋势，由2016年的第6位下降至2022年的第9位。赫斯的桶油无害废弃物处理量处于中等水平，指标值低于平均值，还需继续努力。

挪威国油2016—2018桶油无害废弃物处理量下降，由2016年的0.38吨/万桶下降至2018年的0.22吨/万桶，2019年上升至0.3吨/万桶，2020年有所下降，2021年上升至0.24吨/万桶，2022年上升至0.27吨/万桶，挪威国油2016—2022年排名在第10位和第11位之间波动。挪威国油近几年的桶油无害废弃物处理量较低，仅高于伍德赛德，还需进一步提高废弃物处理水平。

中国石油2016—2018年桶油无害废弃物处理量下降，由2016年的0.38吨/万桶下降至2018年的0.22吨/万桶，2019年上升至0.3吨/万桶，2021年下降至0.14吨/万桶，2022年上升至14.74吨/万桶。整体来看，中国石油2016—2022年排名呈上升趋势，由2016年的第9位上升至2022年的第3位。中国石油2020年之后桶油无害废弃物处理量增长幅度较大。

中国石化2016—2021年桶油无害废弃物处理量逐年下降，由2016年的74.19吨/万桶下降至2021年的20.3吨/万桶，2022年上升至41.66吨/万桶，中国石化2016—2022年排名稳定在第1位。可以看出中国石化近几年桶油无害废弃物处理量处于对标公司最高水平，表现较好，废弃物处理能力较强。

道达尔 2016—2020 年桶油无害废弃物处理量逐年下降，由 2016 年的 2.35 吨/万桶下降至 2020 年的 1.5 吨/万桶，2021 年上升至 1.7 吨/万桶，2022 年下降至 1.67 吨/万桶，道达尔 2016—2022 年排名下降，由 2016 年的第 7 位下降至 2022 年的第 10 位。道达尔的桶油无害废弃物处理量处于中下等水平，远低于平均值，需持续加大无害废弃物处理力度。

埃尼 2016—2018 年桶油无害废弃物处理量逐年上升，由 2016 年的 4.27 吨/万桶上升至 2018 年的 19.02 吨/万桶，2018—2020 年逐年下降，2020 年下降至 12.57 吨/万桶，之后开始逐渐上升，2022 年上升至 15.65 吨/万桶，埃尼 2018—2022 年排名较稳定，保持在第 2 位。可以看出埃尼近几年的桶油无害废弃物处理量指标排名位于前列，指标值远高于平均值，表现较好。

雪佛龙 2016—2018 年桶油无害废弃物处理量逐年上升，由 2016 年的 3.95 吨/万桶上升至 2018 年的 6.43 吨/万桶，2018—2020 年逐年下降，2020 年下降至 5.16 吨/万桶，2021 年上升至 6.16 吨/万桶，2022 年下降至 5.2 吨/万桶，雪佛龙 2016—2022 年整体排名略有下降，由 2016 年的第 4 位下降至 2022 年的第 6 位。雪佛龙的桶油无害废弃物处理量低于平均值，还需继续努力，不断提升无害废弃物处理能力。

壳牌 2016—2017 年桶油无害废弃物处理量略有下降，由 2016 年的 10.94 吨/万桶下降至 2017 年的 10.17 吨/万桶，2019—2020 年有所上升，2020 年上升至 10.94 吨/万桶，2021 年又下降至 8.02 吨/万桶，2022 年上升至 10.39 吨/万桶，壳牌 2016—2022 年整体排名有所下降，由 2016 年的第 2 位下降至 2022 年的第 4 位。近几年壳牌的桶油无害废弃物处理量指标值较稳定，每年的指标值均高于平均值。

埃克森美孚 2016—2019 年桶油无害废弃物处理量逐年上升，由 2016

年的 3.95 吨 / 万桶上升至 2019 年的 10.11 吨 / 万桶，2020 年下降至 5.87 吨 / 万桶，2021 年上升至 9.33 吨 / 万桶，2022 年下降至 6.42 吨 / 万桶，埃克森美孚 2016—2022 年整体排名有所下降，由 2016 年的第 4 位下降至 2022 年的第 5 位。2022 年埃克森美孚的桶油无害废弃物处理量指标排名虽然较高，但指标值低于平均值，还需继续努力。

英国石油 2016—2017 年桶油无害废弃物处理量有所上升，由 2016 年的 2 吨 / 万桶上升至 2017 年的 2.16 吨 / 万桶，2018—2021 年逐年下降，2021 年下降至 1.45 吨 / 万桶，2022 年上升至 2.54 吨 / 万桶，英国石油 2016—2022 年排名在第 8 位左右波动，由 2016 年的第 8 位上升至 2022 年的第 7 位。英国石油的桶油无害废弃物处理量指标值整体较低，还有较大的进步空间。

2022 年桶油无害废弃物处理量排名前三位的对标公司是中国石化、埃尼和中国石油，其中中国石化桶油无害废弃物处理量为 41.66 吨 / 万桶。2022 年桶油无害废弃物处理量排名后三位的对标公司是道达尔、挪威国油和伍德赛德，2022 年道达尔的桶油无害废弃物处理量为 1.67 吨 / 万桶，挪威国油的桶油无害废弃物处理量为 0.27 吨 / 万桶，伍德赛德的桶油无害废弃物处理量为 0.12 吨 / 万桶。

（五）桶油温室气体排放量

各对标公司 2016—2022 年桶油温室气体排放量变化情况如图 3-42 所示。桶油温室气体排放量越低越好。

马拉松桶油温室气体排放量从 2016 年的 0.02 吨 / 桶上升至 2019 年的 0.04 吨 / 桶，2022 年下降至 0.02 吨 / 桶，2020—2022 年马拉松桶油温室气体排放量排名较稳定，2022 年位于第 3 位，可以看出马拉松的绿色低碳技术较强，桶油温室气体排放量较低。

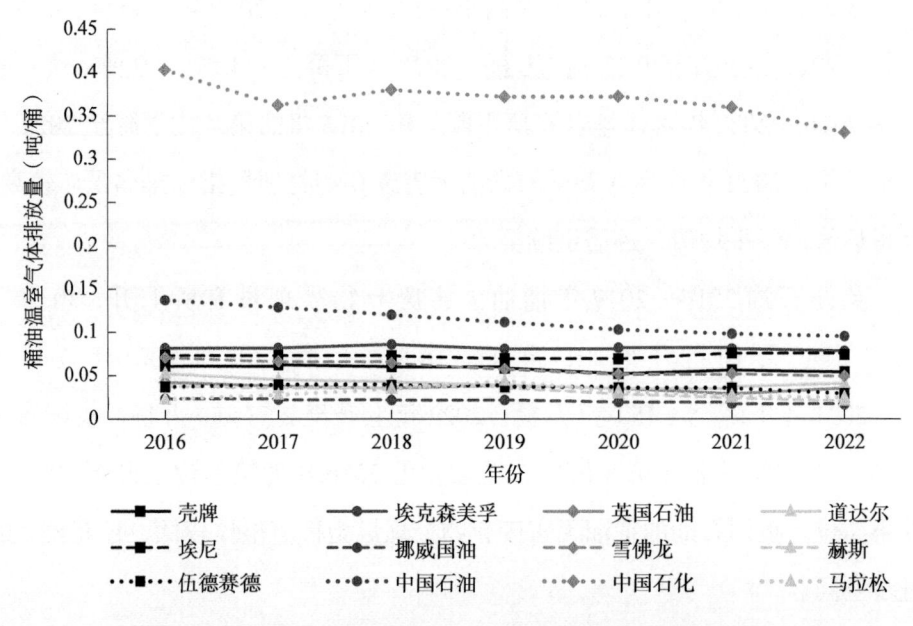

图 3-42　各对标公司 2016—2022 年桶油温室气体排放量变化

伍德赛德桶油温室气体排放量从 2016 年的 0.037 吨/桶上升至 2018 年的 0.039 吨/桶，2022 年下降至 0.029 吨/桶，整体来看伍德赛德桶油温室气体排放量排名有所下降，从 2016 年的第 3 位下降到 2022 年的第 4 位，伍德赛德的桶油温室气体排放量也较低，在温室气体排放量方面具有一定的竞争优势。

赫斯 2016 年桶油温室气体排放量为 0.038 吨/桶，2017 年为 0.036 吨/桶，2018 年为 0.038 吨/桶，2022 年为 0.021 吨/桶，赫斯 2019—2022 年桶油温室气体排放量排名位于第 2 位。近几年赫斯的桶油温室气体排放量远低于平均值，可以看出赫斯在温室气体排放量方面表现较好。

挪威国油 2016 年桶油温室气体排放量为 0.023 吨/桶，2022 年为 0.017 吨/桶，2016 年排名位于第 2 位，2017—2022 年排名一直位于第 1 位，挪威国油的桶油温室气体排放量指标排名位于前列，表现较好。

中国石油桶油温室气体排放量从2016年的0.14吨/桶下降至2022年的0.095吨/桶，中国石油桶油温室气体排放量排名比较稳定，一直保持在第11位，可以看出中国石油的温室气体排放方面表现较差，近几年中国石油的桶油温室气体排放量远高于平均值，还需继续努力，减少温室气体排放量。

中国石化桶油温室气体排放量从2016年的0.403吨/桶下降至2018年的0.38吨/桶，2022年下降至0.33吨/桶，中国石化桶油温室气体排放量排名一直稳定在第12位。近几年中国石化的桶油温室气体排放量在所有对标公司中一直处于最高值，应采取有效措施，进一步加大桶油温室气体排放量控制力度，逐渐降低桶油温室气体排放量。

道达尔桶油温室气体排放量从2016年的0.052吨/桶下降到2020年的0.036吨/桶，2022年上升至0.041吨/桶，道达尔桶油温室气体排放量基本稳定在第6位，道达尔的桶油温室气体排放量低于平均值，与对标公司中的最优水平还有一定的距离，还需要继续努力。

埃尼桶油温室气体排放量从2016年的0.073吨/桶下降至2020年的0.069吨/桶，2021年上升至0.076吨/桶，2022年下降至0.073吨/桶，埃尼桶油温室气体排放量基本稳定在第9名。埃尼的桶油温室气体排放量在对标公司中处于中下等水平。

雪佛龙桶油温室气体排放量从2016年的0.07吨/桶下降至2022年的0.05吨/桶，桶油温室气体排放排名从第8位上升到第7位，可以看出雪佛龙在降低桶油温室气体排放量方面取得了一定成效。

壳牌桶油温室气体排放量除2021年短暂上升为0.056吨/桶外，2016—2022年整体呈下降趋势，从2016年的0.061吨/桶下降至2022年的0.054

吨/桶，2016—2018年排名位于第7位，2019—2022年排名位于第8位，排名基本稳定。可以看出壳牌的桶油温室气体排放量在所有对标公司中处于中下等水平。

埃克森美孚桶油温室气体排放量从2016年的0.082吨/桶上升到2018年的0.086吨/桶，2022年下降至0.078吨/桶，2016—2022年排名位于第10位。可以看出埃克森美孚在桶油温室气体排放量方面还有较大的提升空间。

英国石油桶油温室气体排放量从2016年0.042吨/桶下降至2021年0.029吨/桶，2022年上升至0.036吨/桶，英国石油桶油温室气体排放量排名基本稳定在第4位，可以看出英国石油的桶油温室气体排放量表现优于中等水平，但与对标公司最优水平相比还有一定差距。

2022年桶油温室气体排放量排名前三位的对标公司是挪威国油、赫斯和马拉松，其中，挪威国油桶油温室气体排放量仅为0.017吨/桶。2022年桶油温室气体排放量排名位于后三位的对标公司是埃克森美孚、中国石油及中国石化，埃克森美孚的桶油温室气体排放量为0.078吨/桶，高于指标平均值0.07吨/桶，中国石油的桶油温室气体排放量为0.095吨/桶，中国石化的桶油温室气体排放量为0.33吨/桶，比指标平均值高0.26吨/桶。

（六）二氧化硫排放强度

各对标公司2016—2022年二氧化硫排放强度变化情况如图3-43所示。二氧化硫排放强度越低越好。

马拉松2016—2017年二氧化硫排放强度上升，由2016年的0.007吨/万桶上升至2017年的0.04吨/万桶，2017—2019年开始逐年下降，2019年下降至0.03吨/万桶，之后开始逐年上升，2022年上升至0.04吨/万桶，马拉松2016—2022年排名稳定，位于第3位。可以看出马拉松在二氧化硫排放强度控制方面有一定的竞争优势，位居对标公司前列。

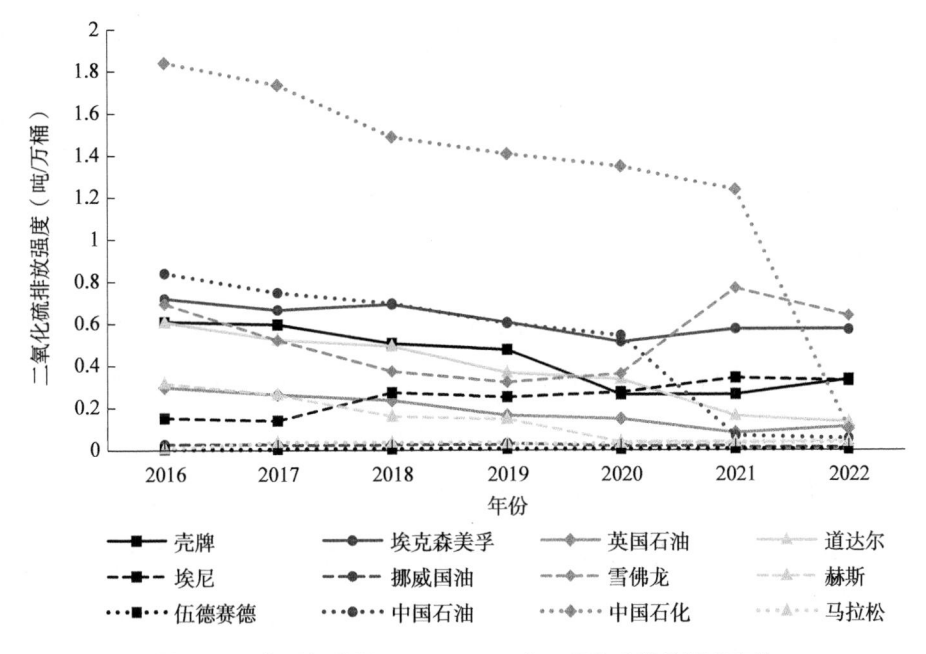

第三章 ▶ 基于对标的定量对标结果分析

图 3-43 各对标公司 2016—2022 年二氧化硫排放强度变化

伍德赛德 2016—2017 年二氧化硫排放强度上升，由 2016 年的 0.004 吨/万桶上升至 2017 年的 0.006 吨/万桶，2018—2021 年趋于稳定，保持在 0.005 吨/万桶左右，2022 年下降至 0.004 吨/万桶，伍德赛德 2016—2022 年二氧化硫排放强度排名稳定，位于第 1 位。可以看出伍德赛德的二氧化硫排放强度在对标公司中处于最优水平。

赫斯 2016—2021 年二氧化硫排放强度总体呈下降趋势，2016 年为 0.32 吨/万桶，2021 年为 0.035 吨/万桶，2022 年上升至 0.046 吨/万桶，赫斯 2016—2022 年排名上升，由 2016 年的第 6 位上升至 2022 年的第 4 位。总体来看，赫斯的二氧化硫排放强度不断降低，2022 年其二氧化硫排放强度远低于平均值。

挪威国油 2016—2017 年二氧化硫排放强度有所下降，由 2016 年的 0.03

吨/万桶下降至2017年的0.02吨/万桶，2017—2019年逐年上升，2019年上升至0.03吨/万桶，2021年下降至0.013吨/万桶，2022年上升至0.016吨/万桶，挪威国油2016—2022年排名稳定，除2016年和2019年位于第3位外，其余年份位于第2位。可以看出挪威国油近几年二氧化硫排放强度在降低，指标排名位于前列。

中国石油2016—2022年二氧化硫排放强度逐年下降，由2016年的0.84吨/万桶下降至2022年的0.055吨/万桶，中国石油2016—2022年排名明显上升，由2016年的第11位上升至2022年的第5位。中国石油在2020年之后二氧化硫排放强度明显下降，指标排名也有所提升，表现较好。

中国石化2016—2022年二氧化硫排放强度逐年下降，由2016年的1.84吨/万桶下降至2022年的0.1吨/万桶，中国石化2016—2021年排名位于第12位，2022年排名出现明显上升，位于第6位。中国石化的二氧化硫排放强度在2022年降幅较大。

道达尔2016—2022年二氧化硫排放强度有所下降，由2016年的0.61吨/万桶下降至2022年的0.13吨/万桶，道达尔2016—2022年排名位于第8位左右。道达尔近几年二氧化硫排放强度整体呈下降趋势，但与对标公司最优水平还有距离，还需继续努力。

埃尼2016—2017年二氧化硫排放强度下降由2016年的0.15吨/万桶下降至2017年的0.14吨/万桶，2018年上升至0.27吨/万桶，2019年下降至0.25吨/万桶，之后开始逐渐上升，2021年上升至0.34吨/万桶，2022年下降至0.33吨/万桶，埃尼2016—2022年排名下降，由2016年的第4位下降至2022年的第9位。近几年埃尼的二氧化硫排放强度有所增加，还需加大二氧化硫排放控制力度。

雪佛龙2016—2019年二氧化硫排放强度逐年下降，由2016年的0.69

吨/万桶下降至2019年的0.32吨/万桶，2019—2021年逐年上升，2021年上升至0.77吨/万桶，2022年又下降至0.64吨/万桶，雪佛龙2016—2022年排名有所下降，由2016年的第9位下降至2022年的第12位，雪佛龙2022年的二氧化硫排放强度表现较差，处于对标公司最低水平，需进一步采取有效措施来降低二氧化硫排放强度。

壳牌2016—2020年二氧化硫排放强度逐年下降，由2016年的0.61吨/万桶下降至2020年的0.26吨/万桶，2021年基本稳定在0.26吨/万桶，2022年上升至0.34吨/万桶，壳牌2016—2022年排名有所下降，由2016年的第8位下降至2022年的第10位，壳牌的二氧化硫排放强度在对标公司中处于中下等水平，指标值低于行业平均值，还需继续努力。

埃克森美孚2016—2017年二氧化硫的排放强度下降，由2016年的0.72吨/万桶下降至2017年的0.67吨/万桶，2018年上升至0.69吨/万桶，2018—2020年逐年下降，2020年下降至0.51吨/万桶，2021年有所上升，2022年保持在0.57吨/万桶，埃克森美孚2016—2022年排名基本稳定，2022年位于第11位。埃克森美孚的二氧化硫排放强度远高于对标公司平均值，需要进一步降低二氧化硫排放强度。

英国石油2016—2021年二氧化硫排放强度逐年下降，由2016年的0.3吨/万桶下降至2021年的0.08吨/万桶，2022年上升至0.11吨/万桶，英国石油2016—2022年排名下降，由2016年的第5位下降至2022年的第7位。英国石油2022年二氧化硫排放强度有所上升，与对标公司最优水平还有差距，需要继续努力。

2022年二氧化硫排放强度排名前三位的对标公司是伍德赛德、挪威国油和马拉松，其中伍德赛德二氧化硫排放强度为0.004吨/万桶。2022年二氧化硫排放强度排名后三位的对标公司是壳牌、埃克森美孚和雪佛龙，2022

年壳牌的二氧化硫排放强度为 0.34 吨/万桶，埃克森美孚的二氧化硫排放强度为 0.57 吨/万桶，比壳牌的二氧化硫排放强度高 0.23 吨/万桶，雪佛龙的二氧化硫排放强度为 0.64 吨/万桶，比指标平均值高 0.41 吨/万桶。

（七）氮氧化物排放强度

各对标公司 2016—2022 年氮氧化物排放强度变化情况如图 3-44 所示。氮氧化物排放强度越低越好。

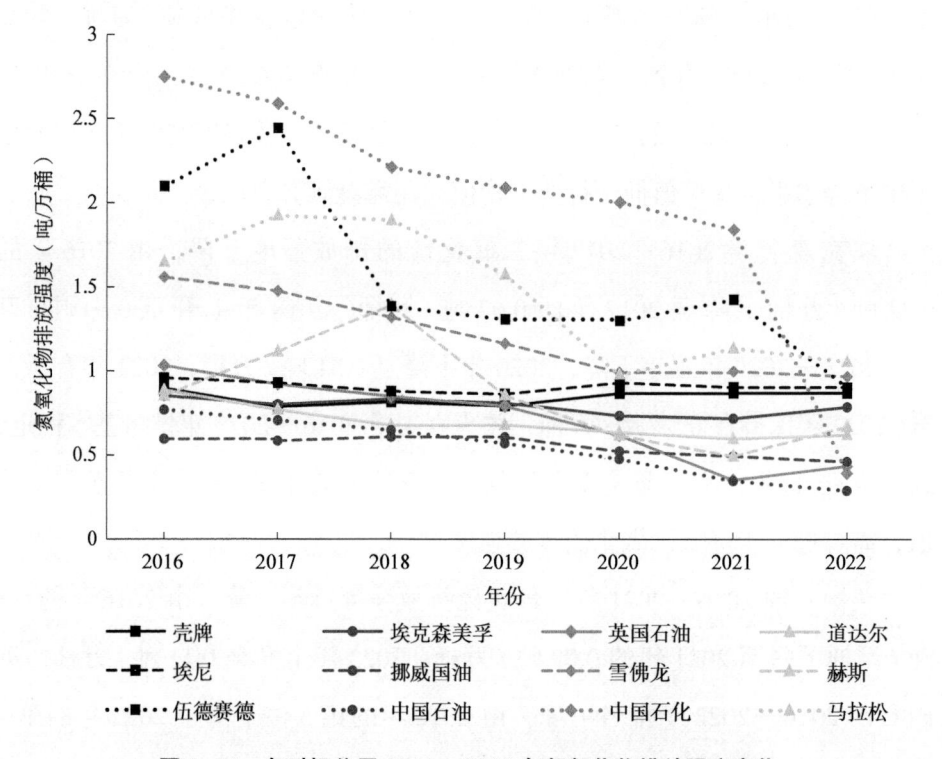

图 3-44　各对标公司 2016—2022 年氮氧化物排放强度变化

马拉松 2016—2022 年氮氧化物排放强度较高，2016—2017 年有所增加，2018—2022 年氮氧化物排放强度呈下降趋势，2021 年上升至 1.14 吨/万桶，2022 年下降至 1.06 吨/万桶，指标排名位于第 12 位。马拉松在氮氧化物排放方面还有较大的提升空间。

伍德赛德2016—2022年氮氧化物排放强度整体较高，虽然2017年有大幅下降，指标值仍高于对标平均值，2016—2022年指标排名在第10位左右波动。伍德赛德在氮氧化物排放方面表现不佳，存在较大的提升空间，需进一步采取有效措施，减少氮氧化物的排放。

赫斯2016—2018年氮氧化物排放强度逐年上升，从2016年的0.85吨/万桶上升至2018年的1.39吨/万桶，排名从第4位下降至第10位，2019—2021年氮氧化物排放强度逐年下降，从2019年的0.85吨/万桶下降至2021年的0.49吨/万桶，2020—2021年排名位于第3名，2022年氮氧化物排放强度为0.67吨/万桶，排名下降至第6位。赫斯的氮氧化物排放强度在对标公司中处于较低水平，略高于对标平均值，还需继续努力。

挪威国油2016—2019年氮氧化物排放强度在0.6吨/万桶左右波动，2016—2018年排名位于第1位，2020—2022年指标值下降，由0.52吨/万桶下降至0.46吨/万桶，2022年排名位于第4位。挪威国油的氮氧化物排放强度低于对标公司平均值，与对标公司最优水平还有距离，需进一步降低氮氧化物排放强度。

中国石油2016—2022年氮氧化物排放强度逐年下降，由2016年的0.77吨/万桶下降至2022年的0.29吨/万桶，2016年位于第2位，2022年位于第1位。可以看出近几年中国石油的氮氧化物排放强度表现较好，处于对标公司最优水平。

中国石化2016—2022年氮氧化物排放强度逐年下降，由2016年的2.75吨/万桶下降至2022年0.39吨/万桶，2016—2021年排名稳定在第12位，2022年排名上升至第2位。中国石化2022年氮氧化物排放强度明显降低，指标排名位居前列。

道达尔 2016—2021 年氮氧化物排放强度逐年下降，由 2016 年的 0.89 吨/万桶下降至 2018 年的 0.678 吨/万桶，2021 年下降至 0.6 吨/万桶，2022 年上升至 0.62 吨/万桶，2017—2019 年排名位于第 3 位，其余年份位于第 5 位，道达尔的氮氧化物排放强度处于对标公司中等水平，略低于对标公司平均值。

埃尼 2016—2019 年氮氧化物排放强度整体有所下降，由 2016 年的 0.96 吨/万桶下降至 2019 年的 0.86 吨/万桶，2020 年上升至 0.93 吨/万桶，2022 年下降至 0.9 吨/万桶，2016—2022 年排名从第 7 位下降至第 9 位。可以看出埃尼 2022 年氮氧化物排放强度有所增加，还需继续努力。

雪佛龙 2016—2022 年氮氧化物排放强度整体有所下降，由 2016 年的 1.56 吨/万桶下降至 2022 年的 0.97 吨/万桶，2016—2021 年排名在第 8 位至第 10 位之间变化，2022 年降至第 11 位。雪佛龙近几年在氮氧化物排放强度方面表现较差，指标值高于对标公司平均值，需加大氮氧化物排放降低力度。

壳牌 2016—2017 年氮氧化物排放强度下降，由 2016 年的 0.9 吨/万桶降至 2017 年的 0.79 吨/万桶，2018 年上升至 0.81 吨/万桶，2019 年下降至 0.79 吨/万桶，2020 年上升至 0.87 吨/万桶，之后保持稳定，壳牌 2016—2022 年整体排名有所下降，由 2016 年的第 6 位降低至 2022 年的第 8 位。可以看出壳牌近几年氮氧化物排放强度下降幅度较小，与对标公司平均值还有较大差异，还需继续努力。

埃克森美孚 2016—2017 年氮氧化物排放强度下降，由 2016 年的 0.85 吨/万桶下降至 2017 年的 0.8 吨/万桶，2018 年提升至 0.83 吨/万桶，2018—2021 年逐年下降，2021 年下降至 0.72 吨/万桶，2022 年上升至 0.78 吨/万桶，埃克森美孚 2016—2022 年排名呈下降趋势，由 2016 年的第 3 位下降至 2022

年的第 7 位，埃克森美孚的氮氧化物排放强度处于行业中等水平。

英国石油氮氧化物排放强度 2016—2021 年逐年下降，由 2016 年的 1.03 吨/万桶下降至 2021 年的 0.35 吨/万桶，2022 年又上升至 0.44 吨/万桶，英国石油 2016—2022 年排名趋于上升，由 2016 年的第 8 位上升至 2022 年的第 3 位，可以看出英国石油的氮氧化物排放强度表现较好，但与对标公司最优水平还有差距，还需继续努力。

2022 年氮氧化物排放强度排名前三位的对标公司是中国石油、中国石化和英国石油，其中中国石油氮氧化物排放强度为 0.29 吨/万桶。2022 年氮氧化物排放强度排名后三位的对标公司是伍德赛德、雪佛龙和马拉松，2022 年伍德赛德的氮氧化物排放强度为 0.9 吨/万桶，雪佛龙的氮氧化物排放强度为 0.97 吨/万桶，马拉松的氮氧化物排放强度为 1.06 吨/万桶。

五、员工发展维度对标分析

基于综合评价方法，对比分析 2016—2022 年 12 家对标石油公司在员工发展维度的表现，表现评价结果如图 3-45 所示。

从员工发展维度得分排名来看，壳牌 2016—2022 年排名有所提升，2016 年、2017 年和 2018 年分别位于第 11 位、第 12 位和第 10 位，2022 年排名为第 7 位。壳牌在员工发展方面排名有所提升，近几年壳牌的人员规模不断扩大，但在管理人员的比例配置方面存在不足。

埃克森美孚 2016—2022 年员工发展维度排名较稳定，2016 年和 2017 年位于第 2 位，2019 年和 2021 年分别位于第 1 位和第 6 位，2018 年、2020 年和 2022 年排名位于第 3 位。可以看出埃克森美孚在员工发展维度整体表现较好，近几年指标值有所下降，可能是因为人员数量有所减少。

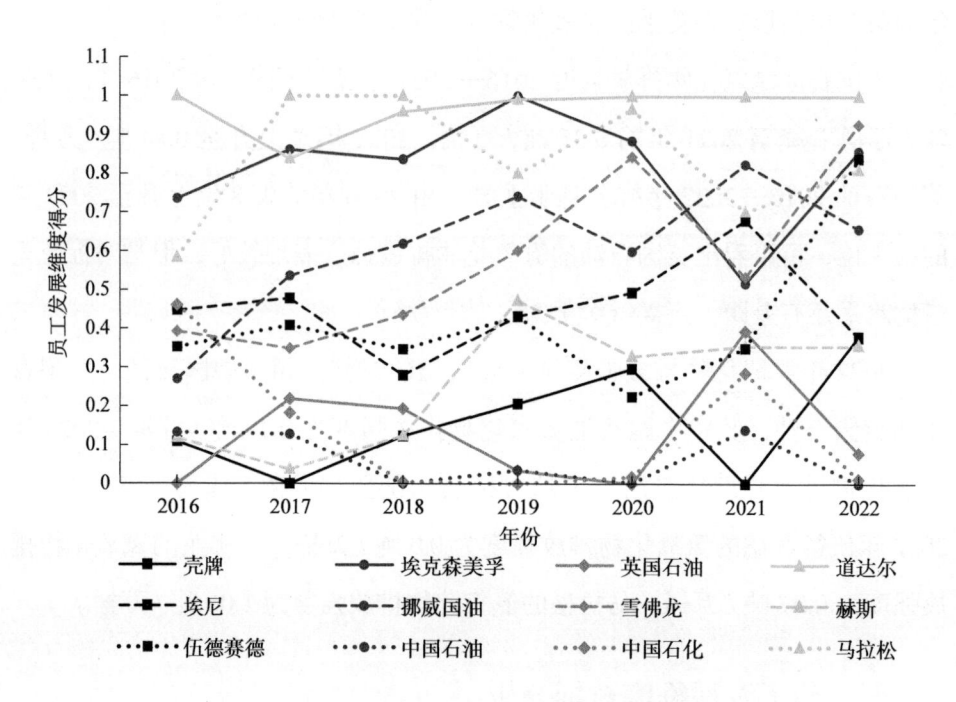

图 3-45　各对标公司 2016—2022 年员工发展维度表现评价

英国石油 2016—2022 年员工发展维度得分排名较稳定，2016 年和 2020 年位于第 12 位，2017 年和 2018 年位于第 8 位，2022 年位于第 10 位。英国石油排名靠后，相对于大多数对标公司来说，其管理人员在员工中的占比较低，并且 2016—2020 年人员规模不断缩小，英国石油在员工发展方面还有提升空间。

道达尔 2016—2022 年员工发展维度表现优异，指标值一直位于前列，2016—2022 年排名位于前 3 位。道达尔管理人员占比较高，相较于其他公司更重视管理和监督工作，因此在员工发展方面表现突出。

埃尼 2016—2022 年员工发展维度得分排名稳定，2016 年和 2017 年位于第 5 位，2018 年和 2019 年位于第 7 位，2020 年、2021 年和 2022 年分别位于第6位、第4位和第8位，属于中等水平。埃尼的管理人员占比和人员规模较稳定，还需进一步优化管理，提升排名。

挪威国油员工发展维度得分排名有小幅波动，2016年位于第8位，2017—2019年位于第4位，2022年位于第6位。可以看出挪威国油在员工发展方面表现较稳定，在人员规模方面还有提升空间。

雪佛龙2016—2022年员工发展维度排名总体呈上升趋势，2016—2021年在第5位上下波动，2022年上升至第2位。可以看出雪佛龙员工发展方面的指标值有小的波动，整体表现较好，其排名保持在高位。

赫斯2016—2022年员工发展维度得分排名比较稳定，2016—2018年排名在第11位上下波动，2019年位于第6位，之后排名下降，赫斯整体指标值较低，需采取相应措施，寻找突破点。

伍德赛德2016—2021年员工发展维度得分排名比较稳定，2016—2019年在第7名上下浮动，2020年和2021年排名位于第9位，2022年排名上升至第4位，这主要是因为2022年伍德赛德在人员数量上有较大幅度的提升。

中国石油2016—2022年员工发展维度得分排名稳定，除2016年位于第9位、2017年和2019年位于第10位外，其余年份在第11位和第12位之间波动。中国石油在员工发展方面表现较稳定，指标值排名靠后，有待提升，主要与其管理人员占比较低、员工数量呈下降趋势有关，需要进一步加强员工管理。

中国石化2016年员工发展维度得分排名位于第4位，2017年位于第9位，之后在第11位上下波动。中国石化排名靠后主要因为其管理人员占比较低且在人员规模方面未能进行有效优化，公司需要在这两方面加强改进。

马拉松2016—2022年员工发展维度得分排名稳定，2016—2021年位于前3位，2017—2018年位于第1位，2020年位于第2位，2022年位于第5

位。综合来看,马拉松在该维度表现优异,主要是因为其管理人员占比合理。

分析可知,各对标公司应积极培养、引进、用好人才,通过加强人才队伍建设、实施人才强企战略,不断深化人才发展体制机制改革。

(一)管理人员占比

各对标公司 2016—2022 年管理人员占比变化如图 3-46 所示。

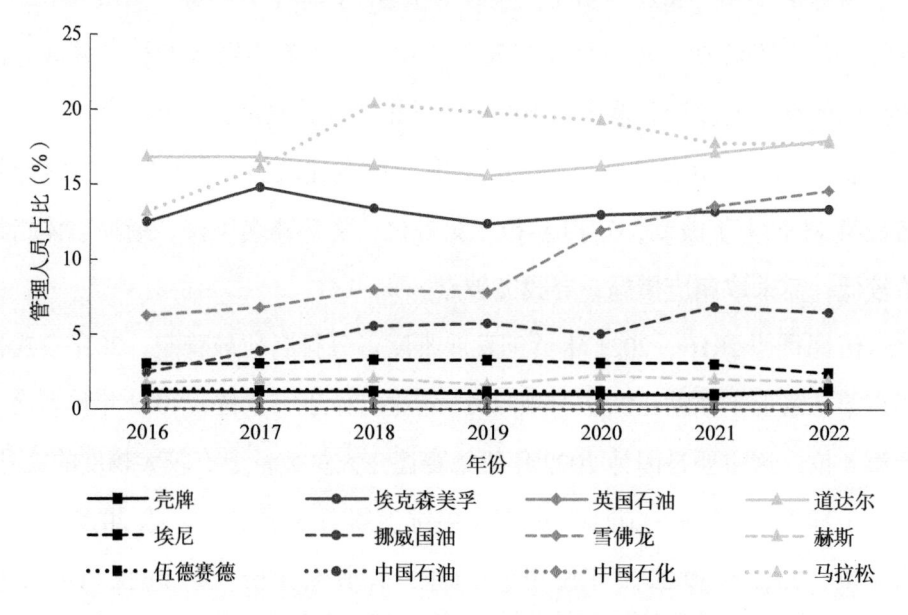

图 3-46 各对标公司 2016—2022 年管理人员占比变化

壳牌 2016—2017 年管理人员占比呈上升趋势,由 1.17% 上升至 1.19%,2018—2020 年呈下降趋势,2020 年为 1.02%,2021—2022 年指标有所上升,由 1.06% 上升至 1.3%,2021 年位于第 8 位,其余年份位于第 9 位。壳牌指标值波动小,说明其在管理层建设上进行了调整和优化,但离对标公司平均值还有一定距离,需进一步优化管理人员结构,以提升管理效率,健全员工发展体制。

埃克森美孚2016—2017年管理人员占比呈上升趋势，由12.5%上升至14.8%，2018—2019年呈下降趋势，2019年下降至12.4%，2020—2022年呈上升趋势，2022年上升至13.36%，2021—2022年位于第4位，其余年份均位于第3位。埃克森美孚在管理层优化方面表现较好且具有灵活性，后续应继续增强管理层的稳定性，同时注重灵活调整，以更好地应对市场变化。

英国石油2016—2018年管理人员占比呈下降趋势，由0.53%下降至0.51%，2019年上升至0.54%，2020年下降至0.42%，2021年上升至0.43%，2022年下降至0.41%，2016—2022年位于第10位。英国石油在管理层建设方面相对滞后，管理人员占比较低，需要加强管理层建设投入，并进行优化调整，以提高管理效率。

道达尔2016—2019年管理人员占比呈下降趋势，由16.8%下降至15.6%，2020—2022年呈上升趋势，由16.21%上升至17.95%，2016—2022年排名在第1位和第2位之间变化。道达尔该指标整体表现优异，指标值远高于平均值。道达尔在管理层建设方面展现出较强的优化能力，应继续保持高效的管理人员配置。

埃尼2016—2018年管理人员占比呈上升趋势，由2016年的3.03%上升至2018年的3.31%，2019—2021年呈下降趋势，2022年为2.45%，2016—2022年排名在第5位和第6位之间变化。埃尼在管理层方面经历了一系列调整，但整体表现较稳定，排名属于中等水平，公司有较大的上升空间，还需继续努力。

挪威国油2016—2019年管理人员占比呈上升趋势，由2.45%上升至5.75%，2020年下降至5.06%，2021年上升至6.86%，2022年下降至6.48%，2017—2022年一直稳定在第5位。可以看出挪威国油在管理层建设上有显著进步，但仍需进一步优化措施，以实现排名突破。

雪佛龙2016—2018年管理人员占比呈上升趋势，由6.25%上升至7.97%，2019年下降至7.78%，2020—2021年呈上升趋势，2021年上升至14.61%，2021—2022年位于第3位，其余年份位于第4位。雪佛龙每年的指标值均高于平均值，雪佛龙在管理层建设上有较好的优化能力，表现稳定。

赫斯2016—2018年管理人员占比呈上升趋势，由1.78%上升至2.11%，2019年下降至1.69%，2020年上升至2.3%，2021—2022年呈下降趋势，由2.07%下降至1.91%。2016—2022年一直位于第7位。赫斯在管理层建设上相对稳定，属于中等水平，排名始终未实现突破。

伍德赛德2016—2019年管理人员占比呈下降趋势，由2016年的1.31%下降至2019年的1.23%，2020年上升至1.25%，2021年下降至0.98%，2022年上升至1.45%，除2021年位于第9位外，其余年份位于第8位。伍德赛德在管理层建设方面进行了调整，但整体表现较稳定，应逐步增加管理层的人数。

中国石油和中国石化2016—2022年管理人员占比均在0.004%～0.006%之间波动，中国石油一直位于第11位，中国石化一直位于第12位。中国石油需要加强管理层的建设和优化，中国石化在管理层建设上存在不足，管理人员占比过低。

马拉松2016—2018年管理人员占比呈上升趋势，由2016年的13.2%上升至2018年的20.4%，2019—2022年总体呈下降趋势，2022年为17.76%，2016—2017年位于第2位，2018—2021年位于第1位，2022年位于第2位。马拉松在管理人员占比方面始终表现较好，应继续保持其在管理人员方面的优势。

2022年管理人员占比排名位于前三位的对标石油公司是道达尔、马拉松和雪佛龙，指标值分别为17.95%、17.76%和14.61%。排名位于后三位的对标石油公司是英国石油、中国石油和中国石化,指标值分别是0.41%、0.006%和0.006%。

(二)人员规模变化率

各对标公司2016—2022年人员规模变化率情况如图3-47和图3-48所示。

壳牌2016—2017年人员规模变化率呈下降趋势,2017年下降至-5.62%,位于第10位,2018—2020年呈上升趋势,由-3.57%上升至4.82%,排名从第7位上升至第1位,2021年下降至-5.75%,位于第9位,2022年上升至13.41%,位于第2位。壳牌的人员规模变化率波动较大,反映出人员规模管理的不稳定性,需要从长远角度出发,制定长期、系统的人力资源规划,确保员工规模与业务需求相匹配。

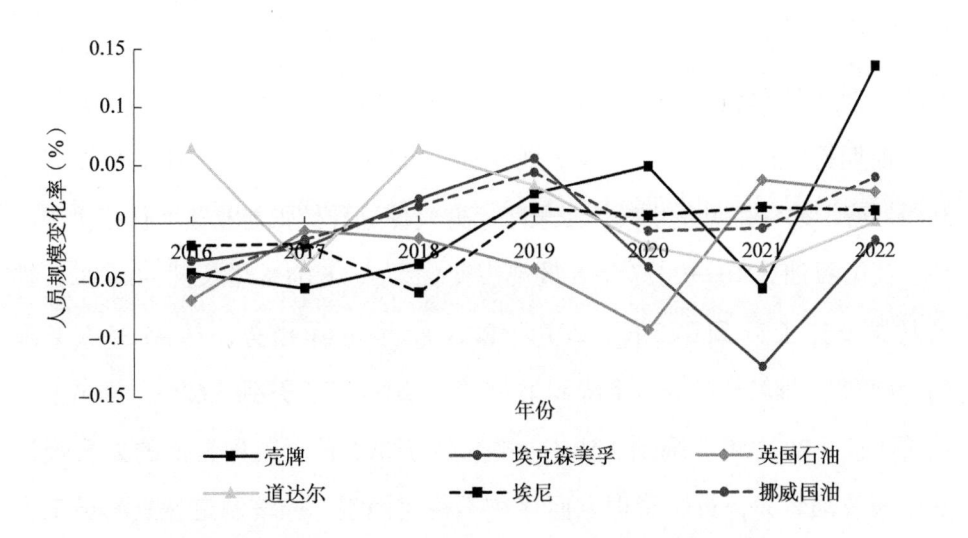

图3-47 壳牌等6家对标公司2016—2022年人员规模变化率

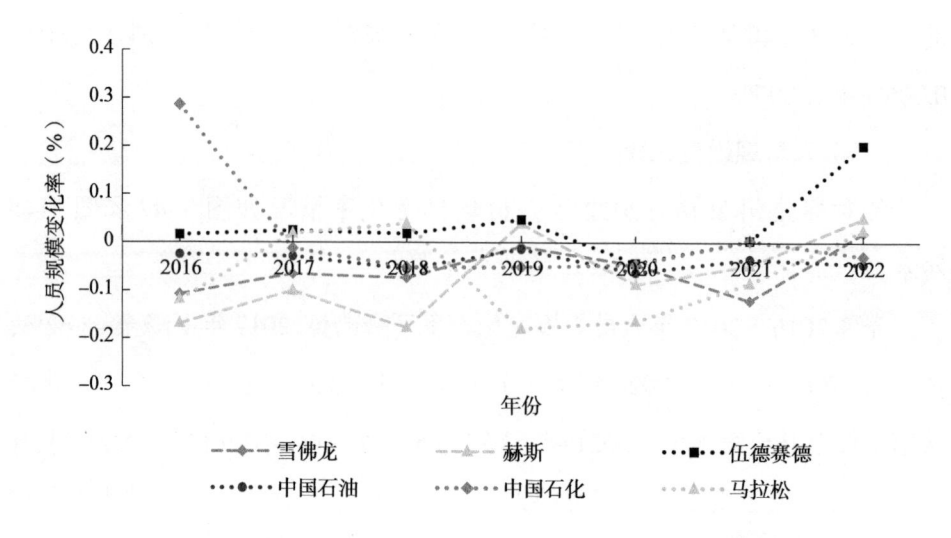

图 3-48 雪佛龙等 6 家对标公司 2016—2022 年人员规模变化率

埃克森美孚 2016—2019 年人员规模变化率呈上升趋势，由 2016 年的 -3.27% 上升至 2019 年的 5.49%，排名从第 6 位上升到第 1 位，2019—2022 年呈下降趋势，2022 年为 -1.59%，排名位于第 10 位。埃克森美孚指标值前期持续增长，表明其在扩展业务的同时，人员规模管理也得以有效开展，应继续保持员工规模扩张策略，并确保这种扩张与业务增长相协调。

英国石油 2016—2017 年人员规模变化率从 -6.64% 增长到 -0.67%，排名从第 9 位上升到第 3 位，2018—2020 年呈下降趋势，从 -1.35% 下降到 -9.27%，排名从第 6 位下降到第 11 位，2021 年上升到 3.62%，排名上升到第 1 位，2022 年下降到 2.58%，排名位于第 5 位。英国石油的人员规模变化率波动较大，员工管理方面存在不稳定因素，应该制定有效的员工保留策略和招聘策略，以稳定人员规模。

道达尔 2016—2017 年人员规模变化率呈下降趋势，从 6.4% 下降至 -3.81%，排名从第 2 名下降至第 9 名，2018 年上升至 6.29%，排名位于

第三章 ▶ 基于对标的定量对标结果分析

第 1 位，2019—2022 年呈下降趋势，从 3.17% 下降至 –0.03%，排名从第 5 位下降至第 9 位。道达尔指标值的波动说明其在人员管理上需要制定稳定和可持续的策略，避免因人员规模频繁变化而影响业务运营。

埃尼 2016—2017 年人员规模变化率呈上升趋势，从 –1.93% 上升到 –1.8%，2018 年下降至 –6.02%，位于第 10 位，2019 年上升至 1.2%，位于第 7 位，2020 年下降至 0.56%，位于第 2 位。2021 年上升至 1.25%，位于第 2 位，2022 年下降至 0.94%，排名下降至第 8 位，埃尼的人员规模变化率显示其人员管理具有不稳定性，近几年数值波动较小，需要制定更加稳定的人员规模策略。

挪威国油 2016—2019 年人员规模变化率从 –4.83% 上升至 4.32%，排名从第 8 位上升至第 3 位，2019 年下降至 –0.78%，2021—2022 年从 –0.56% 上升至 3.83%，2022 年位于第 4 位。整体来看挪威国油的人员规模变化率较稳定。

雪佛龙 2016—2017 年人员规模变化率从 –10.7% 增加到 –6.46%，2018 年下降至 –7.3%，2019 年上升至 –0.82%，排名位于第 8 位，2020—2021 年从 –4.59% 下降至 –12.03%，排名从第 8 位下降至第 11 位，2022 年指标值上升至 2.03%，位于第 7 位。雪佛龙的指标值有较大波动，应建立更稳定的人员规划和管理体系。

赫斯 2016—2017 年人员规模变化率从 –16.82% 上升至 –9.94%，2018 年下降至 –17.69%，2019 年上升至 3.92%，2020 年下降至 –8.68%，2021—2022 年从 –4.69% 上升至 5.05%，2022 年位于第 3 位。赫斯的人员规模变化率波动较大，应制定长期的人力资源规划。

伍德赛德 2016—2017 年人员规模变化率从 1.59% 上升至 2.45%，2018 年下降至 1.81%，2019 年上升至 4.7%，位于第 2 位，2020 年下降至 –4.28%，

位于第 6 位，2021—2022 年从 0.38% 上升至 20.17%，排名从第 4 位上升至第 1 位。伍德赛德虽然在人员管理方面经历了一些波动，但也展现出快速扩张的能力。

中国石油 2016—2018 年人员规模变化率从 –2.46% 下降至 –5.48%，排名从第 5 位下降至第 9 位，2019 年上升至 –1.39%，位于第 9 位，2020 年下降至 –6.23%，位于第 9 位，2021 年上升至 –3.43%，2022 年下降至 –4.49%，位于第 12 位。中国石油的人员规模变化率波动较大，说明其在管理上存在一定的不稳定因素。

中国石化 2016—2018 年人员规模变化率从 28.66% 下降至 –5.08%，排名从第 1 位下降至第 8 位，2019—2021 年从 –5.04% 上升至 0.42%，排名从第 11 位上升至第 3 位，2022 年下降至 –2.83%，位于第 11 位。中国石化在人员管理方面经历了较大波动，且排名靠后，人员规模持续缩减。

马拉松 2016—2018 年人员规模变化率从 –11.8% 上升至 3.92%，排名从第 11 位上升至第 2 位，2019 年下降至 –17.93%，位于第 12 位，2020—2022 年从 –16.4% 上升至 2.55%，排名从第 12 位上升至第 6 位。马拉松人员规模变化率波动较大，应做好长期规划，防范短期内的大幅变动。

2022 年人员规模变化率排名位于前三位的对标公司是伍德赛德、壳牌和赫斯，指标值分别为 20.17%、13.41% 和 5.05%。排名位于后三位的对标公司是埃克森美孚、中国石化和中国石油，指标值分别为 –1.59%、–2.83% 和 –4.49%。埃克森美孚、中国石化和中国石油在员工管理方面还需继续努力。

六、安全管理维度对标分析

基于综合评价方法，对比分析 12 家对标石油公司 2016—2022 年安全

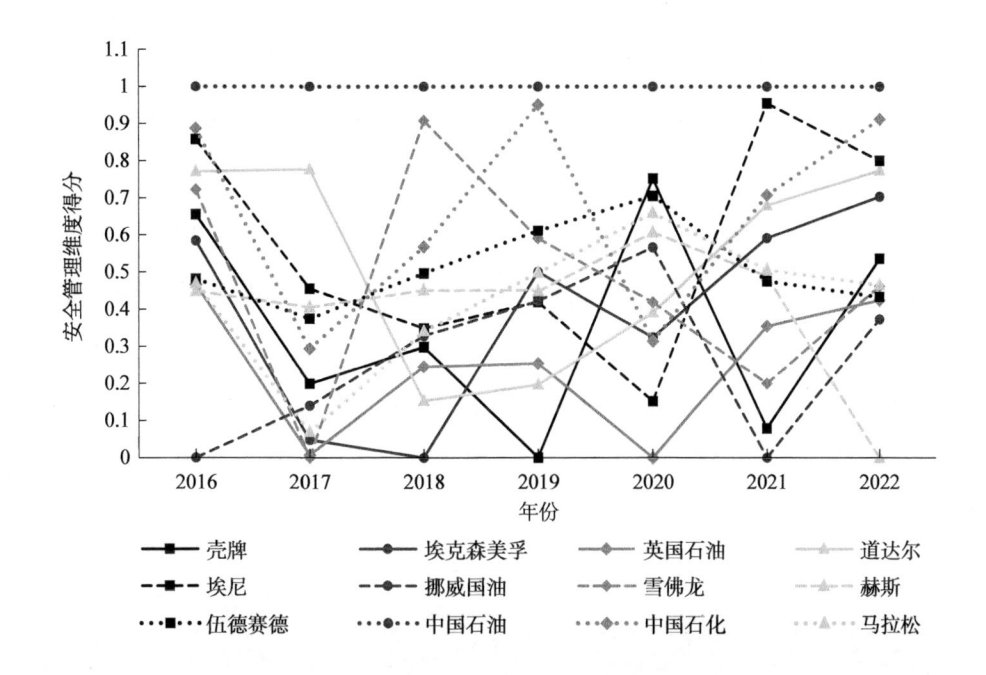

第三章 ▶ 基于对标的定量对标结果分析

管理维度的表现，表现评价如图 3-49 所示。

图 3-49　各对标公司 2016—2022 年安全管理维度表现评价

中国石油 2016—2022 年安全管理维度得分排名始终位于第 1 位，中国石油在安全管理方面表现优异，主要是由于其可记录事件率和因工致死率低。

中国石化 2020 年安全管理维度排名位于第 10 位，其余年份排名均位于前 6 位，2021—2022 年排名由第 3 位上升至第 2 位。中国石化安全管理维度排名有所上升与其可记录事件率和因工致死率降低有关，安全管理能力较强。

壳牌 2016—2022 年安全管理维度排名变化较大，2019 年排名位于第 12 位，2021 年位于第 11 位，在 2022 年排名上升至第 6 位，上升幅度较大。

壳牌排名明显上升主要与其因工致死率显著降低有关，说明壳牌在提升安全管理能力方面采取了有效措施。

英国石油2016—2022年安全管理维度排名整体变化不大，几乎每年排名均位于第10位，仅在2021年位于第9位，距离对标公司最优水平还存在较大差距，还需继续努力。

埃克森美孚2016—2022年安全管理维度排名变化较大，2018年排名位于第12位，2019年、2021年和2022年排名有所提升，位于第5位。整体来看埃克森美孚排名呈上升趋势，表现较好。

道达尔2017年安全管理维度排名位于第2位，2018年和2019年均位于第11位，2022年排名有所提升，上升至第4位。道达尔排名上升与其可记录事件率降低有关。

埃尼2020年安全管理维度排名位于第11位，后续排名有所提升，2021年和2022年排名分别位于第2位和第3位，整体表现较好，可以看出其安全管理能力较强。

挪威国油2016—2022年安全管理维度排名有所波动，由2016年的第12位上升至2019年的第8位，2020年排名有所提升，位于第6位。2021年挪威国油安全管理维度排名下降至第12位，主要与其因工致死率上升有关，还需继续加强安全管理。

雪佛龙2018—2019年安全管理维度排名表现良好，2018年位于第2位，2019年位于第4位，之后排名下降，2021年和2022年排名分别位于第10位和第8位。雪佛龙近几年安全管理维度排名有所下降，主要与其可记录事件率和因工致死率有所增加有关。

赫斯安全管理维度整体排名变化较大，2017—2021年排名在第4位至第7位之间波动，2022年下降至第12位，主要是因为赫斯2022年因工致死率明显增加，可记录事件率也有所增加。

伍德赛德2022年安全管理维度排名下降，2017—2021年排名位于前8位，其中2019—2020年排名位于第3位，2022年排名下降至第9位，伍德赛德排名下降与其可记录事件率增加有关。

马拉松安全管理维度排名由2016年的第9位上升至2017年的第4位，2022年下降至第7位。马拉松排名下降主要是因为其可记录事件率较高，说明马拉松还需进一步加强安全管理。

（一）可记录事件率

各对标公司2016—2022年可记录事件率变化情况如图3-50所示。可记录事件率指每工时下的可记录事件数，该指标值越低越好。

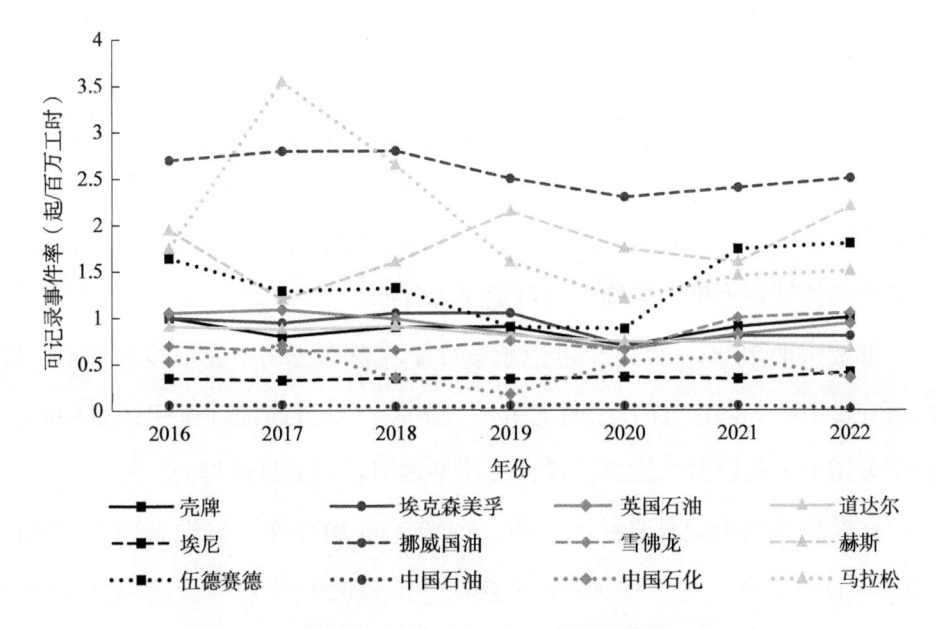

图3-50 各对标公司2016—2022年可记录事件率变化

2016—2022年中国石油一直保持着最低的可记录事件率，2022年可记录事件率为0.02起/百万工时，远低于所有对标公司的可记录事件率平均值1.1起/百万工时，处于对标公司最优水平，可以看出其在可记录事件管控方面表现较好。

埃尼2016—2021年可记录事件率基本保持在0.35起/百万工时，波动幅度在0.02起/百万工时之内，2022年增加至0.41起/百万工时，其指标排名2016—2022年一直保持在前三位，可以看出埃尼的可记录事件率远低于对标平均值，指标表现较好。

道达尔2016—2022年可记录事件率整体呈下降趋势，由2016年的0.91起/百万工时下降至2022年的0.67起/百万工时，2021年和2022年指标排名均位于第4位，与对标公司中的最优水平相比还有差距，还需继续努力。

雪佛龙2016—2022年指标变化波动较大，2020年之前其可记录事件率低于1起/百万工时，排名均位于前4位，2021—2022年，其可记录事件率高于1起/百万工时，2022年可记录事件率为1.05起/百万工时，指标排名下降至第8位。雪佛龙近几年的可记录事件率有所增加，因此需要加大可记录事件管理力度，持续降低可记录事件率。

挪威国油2016—2022年可记录事件率在对标公司中处于较高水平，指标值在2.3~2.8起/百万工时的范围内波动，挪威国油的可记录事件率在对标公司中表现较差，远高于对标公司平均值，还需继续努力。

赫斯整体的可记录事件率较高，特别是在2022年，可记录事件率高达2.2起/百万工时，高于对标公司平均值，排名位于第11位，赫斯需加强管理，降低可记录事件率。

壳牌2016—2022年可记录事件率的波动范围是0.7~1起/百万工时，排名保持在前8位，2022年可记录事件率为1起/百万工时，略低于对标公司可记录事件率平均值 1.1 起 / 百万工时。可以看出壳牌的可记录事件率与对标公司最优水平还有较大差距，还需继续改进管理。

英国石油 2016 年和 2017 年的可记录事件率指标值均高于 1 起 / 百万工时，指标排名均位于第 8 位，2018 年可记录事件率下降至 1 起 / 百万工时以下，相比 2020 年，2021—2022 年可记录事件率有所上升，2022 年可记录事件率为 0.94 起 / 百万工时，英国石油需重视对可记录事件率的管理。

伍德赛德的可记录事件率 2022 年达到最大值 1.8 起 / 百万工时，高于对标公司可记录事件率平均值 1.1 起 / 百万工时，2022 年指标排名位于第 10 位。可以看出伍德赛德的可记录事件率表现较差。

埃克森美孚 2016—2021 年的可记录事件率基本保持在 1 起 / 百万工时，2022 年可记录事件率降低到 0.8 起 / 百万工时，排名也由第 7 位上升至第 5 位，埃克森美孚 2020 年之后可记录事件率呈下降趋势，说明其采取了有效措施来降低可记录事件率。

中国石化 2016—2022 年可记录事件率波动幅度较大，但其指标排名一直保持在前 4 位，2022 年可记录事件率为 0.35 起 / 百万工时，明显低于平均值。中国石化在可记录事件率方面表现较好，需进一步降低可记录事件率以保持优势。

马拉松 2016—2022 年可记录事件率较高，每年的指标值均高于平均值，排名较低，马拉松需要加大可记录事件管理力度，采取相应有效措施来降低可记录事件率。

2022 年可记录事件率排名前三位的对标公司是中国石油、中国石化和埃尼，这三家公司在可记录事件管控方面表现较好，中国石油的可记录事件率最低，为 0.02 起 / 百万工时，中国石化的指标值为 0.33 起 / 百万工时，埃尼的指标值为 0.41 起 / 百万工时。2022 年可记录事件率排名后三位的对标公司是伍德赛德、赫斯和挪威国油，可记录事件率分别为1.8起/百万工时、2.2起/百万工时和2.5起/百万工时，挪威国油的可记录事件率最高，这几家公司在可记录事件管理方面还需继续努力。

（二）误工事件率

由于缺少中国石油、中国石化、马拉松相应年份的可记录事件率数据，这几家公司未被纳入误工事件率的对标分析，其余对标公司2016—2022年误工事件率变化情况如图3-51所示。误工事件率指每工时下的误工事件数，指标值越低越好。

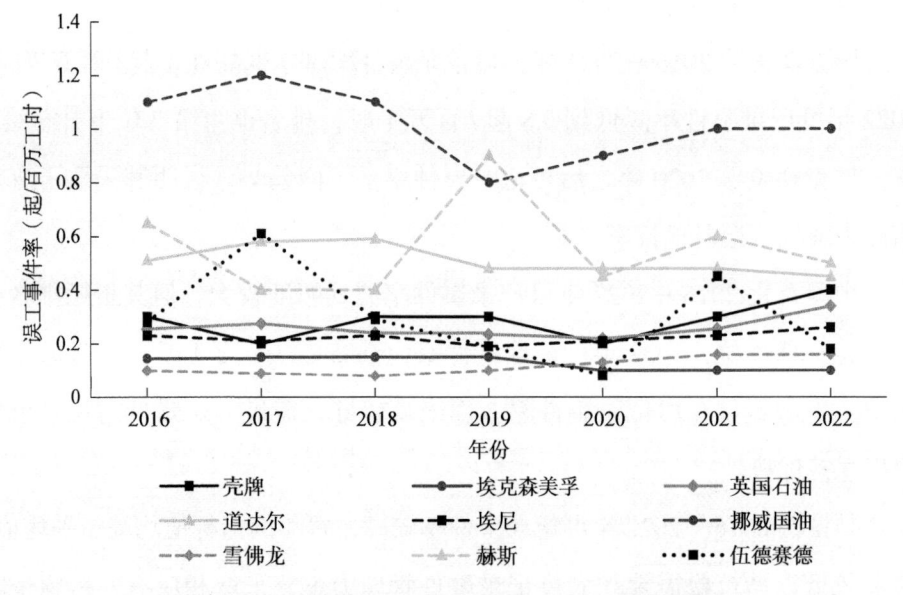

图3-51 各对标公司2016—2022年误工事件率变化

壳牌2016—2021年误工事件率在0.2~0.3起/百万工时之间变化，2022年增加至0.4起/百万工时。壳牌2016—2022年指标排名位于前6位，整体来看壳牌指标变化较稳定，但与对标最优水平相比还有一定差距，还需继续努力。

第三章 ▶ 基于对标的定量对标结果分析

埃克森美孚2016—2022年误工事件率较低，指标值在0.1～0.15起/百万工时之间波动，排名位于前3位，2021年和2022年指标排名均位于第1位。可以看出埃克森美孚在误工事件率管理方面表现较好，近几年处于对标公司最优水平，具有一定优势。

挪威国油2016—2022年误工事件率较高，除了2019年，其余年份均为最高值，2017年误工事件率为1.2起/百万工时，远高于该年平均值0.41起/百万工时，指标排名位于第9位。挪威国油的误工事件率在对标公司中表现较差，具有较大的进步空间，还需继续努力。

埃尼2016—2022年误工事件率较低，变化波动也较小，指标值范围是0.19～0.26起/百万工时，排名位于前5位。埃尼近几年的误工事件率优于对标公司平均值，但与对标公司最优水平还有差距，还需继续努力。

雪佛龙2016—2019年误工事件率在0.1起/百万工时左右，指标值排名保持在第一位，2020年、2021年和2022年指标值有所增加，分别为0.13起/百万工时、0.16起/百万工时和0.16起/百万工时，2020年指标排名位于第3位，2021—2022年位于第2位。整体来看雪佛龙表现优异，误工事件管控能力强，为员工提供了较安全的工作场所。

道达尔2016—2018年误工事件率在0.5～0.6起/百万工时之间变化，从2019年开始误工事件率有所下降，2019—2022年误工事件率在0.4～0.5起/百万工时变化，2022年为0.45起/百万工时，2016—2022年的指标排名一直位于前8位。道达尔近几年的误工事件率虽然一直在降低，但仍高于对标公司平均值，还需采取有效措施，进一步降低误工事件率。

英国石油2016—2021年误工事件率在0.22～0.28起/百万工时范围内变化，这几年排名一直位于前6位，2022年误工事件率增加至0.34起/百万工时，指标排名位于第5位。英国石油近几年的误工事件率略低于对标公司平均值，还需继续努力，进一步缩小与对标公司最优水平的差距。

赫斯2016—2022年误工事件率变化较大，指标值较高，2019年达到最高值0.9起/百万工时，2022年下降至0.5起/百万工时，排名在第8位。赫斯2022年误工事件率远高于对标公司平均值，还需加强对误工事件的管理。

伍德赛德2016—2021年误工事件率变化较大，2020年为最低值0.08起/百万工时，指标排名位于第1位，2022年误工事件率为0.18起/百万工时，比指标平均值低0.2起/百万工时。2022年伍德赛德的误工事件率比2021年有所降低，应继续保持这一优势。

2022年误工事件率排名前三位的对标公司是埃克森美孚、雪佛龙和伍德赛德，埃克森美孚的误工事件率为0.1起/百万工时，雪佛龙为0.16起/百万工时，伍德赛德的误工事件率为0.18起/百万工时。2022年误工事件率排名后三位的对标公司是道达尔、赫斯和挪威国油，挪威国油的误工事件率为1起/百万工时，高于对标公司误工事件率平均值，道达尔和赫斯的误工事件率分别为0.45起/百万工时和0.5起/百万工时，挪威国油的误工事件率是赫斯的两倍。

（三）因工致死率

各对标公司2016—2022年因工致死率变化情况如图3-52和图3-53所示。因工致死率指每工时下的因工致死人数，指标值越低越好。

马拉松和伍德赛德两家石油公司2016—2022年因工致死率均为0人/百万工时，表现优异，可以看出这两家石油公司比较注重员工安全管理，安全管理能力较强。

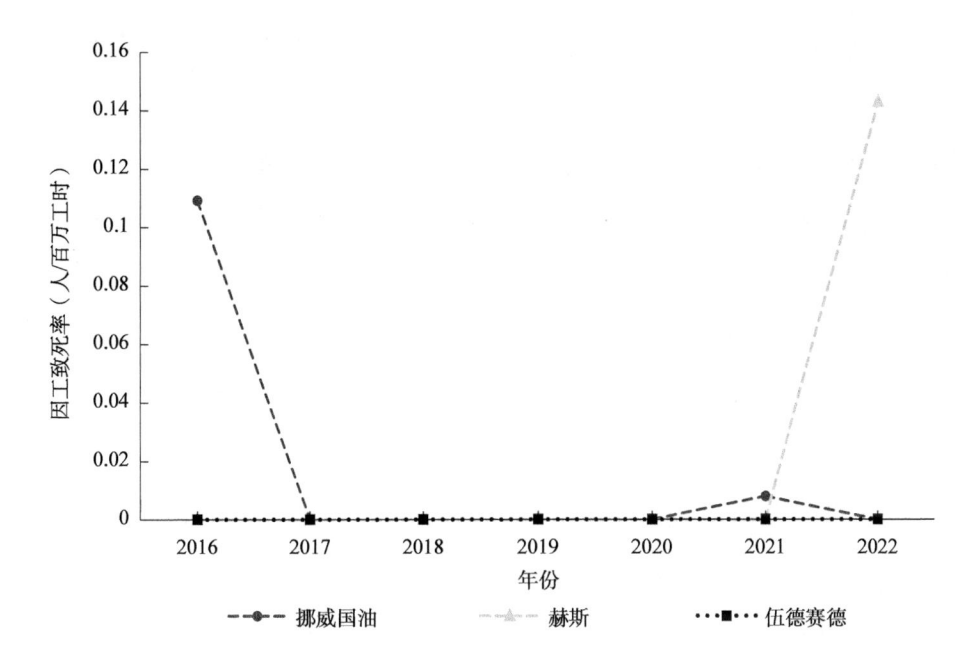

第三章 ▶ 基于对标的定量对标结果分析

图 3-52 挪威国油等 3 家对标公司 2016—2022 年因工致死率变化

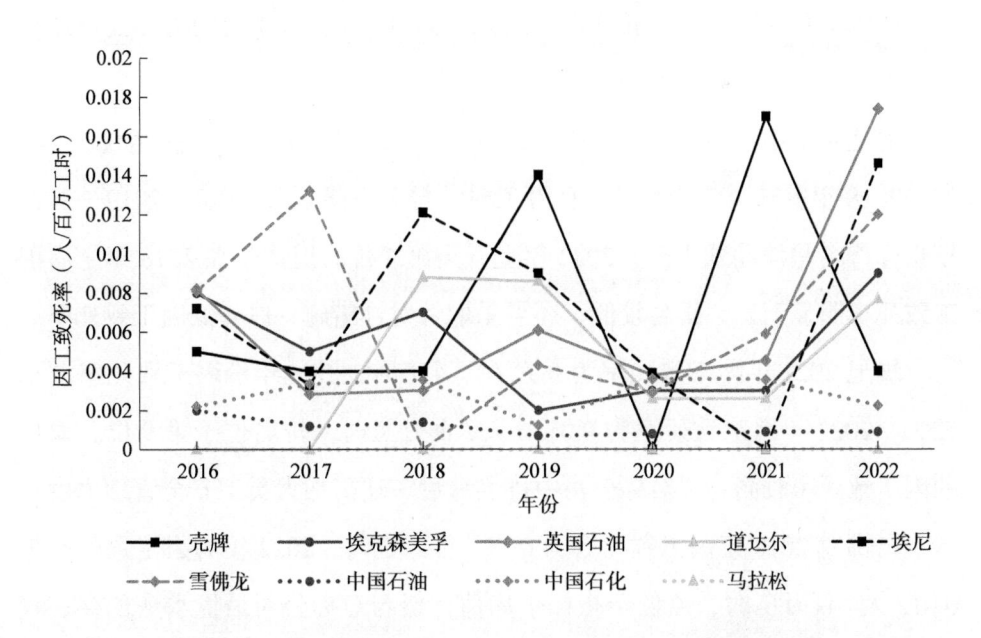

图 3-53 壳牌等 9 家对标公司 2016—2022 年因工致死率变化

143

赫斯2016—2021年因工致死率保持在0人/百万工时，2022年增加至0.1429人/百万工时，为同期对标公司中因工致死率的最大值。赫斯2022年因工致死率明显增加，应加强员工安全管理，降低因工致死率。

挪威国油2016年因工致死率为0.109人/百万工时，2021年指标值为0.007人/百万工时，其余年份因工致死率均为0人/百万工时。可以看出挪威国油在2022年针对因工致死管理采取了有效措施。

中国石油2016—2022年因工致死率指标值较低且变化幅度较小，在0.0007~0.002人/百万工时范围内波动，指标排名位于前6位。中国石油还需进一步降低因工致死率。

中国石化2016—2022年因工致死率在0.001~0.004人/百万工时范围内波动，指标排名位于前9位，2019年因工致死率为这一时期最小值0.0012人/百万工时，2022年这一数值达到0.0023人/百万工时。可以看出中国石化的因工致死率较高，相比因工致死率为0人/百万工时的对标公司还有提升空间，还需继续努力。

道达尔2016年和2017年因工致死率为0人/百万工时，排名位于第1位，2018年上升至0.0088人/百万工时，排名下降至第11位，2019—2022年指标排名呈波动式上升，2022年上升至第7位。道达尔在2018年之后因工致死率明显上升，排名较低，还需采取针对性措施，以降低因工致死率。

埃尼2021年因工致死率为0人/百万工时，其他年份因工致死率波动较大，2022年因工致死率为0.0146人/百万工时，排名位于第9位。埃尼的因工致死率较高，在对标公司中排名靠后，还需加大员工安全管理力度。

雪佛龙2018年因工致死率为0人/百万工时，2022年的因工致死率为0.012人/百万工时，略低于指标平均值，但与对标公司最优水平还存在较大差异，还需继续努力。

壳牌 2020 年因工致死率为 0 人/百万工时，2021 年因工致死率为 0.017 人/百万工时，2022 年下降至 0.004 人/百万工时，指标排名位于第 6 位，壳牌 2022 年的因工致死率有所降低，还需继续降低因工致死率。

埃克森美孚 2016—2022 年期间因工致死率最低值是 2019 年的 0.002 人/百万工时，最高值是 2022 年的 0.009 人/百万工时，两者相差 0.007 人/百万工时。埃克森美孚近几年因工致死率波动较小，还需继续采取措施降低因工致死率。

英国石油 2016—2022 年因工致死率最低值是 2017 年的 0.0028 人/百万工时，最高值是 2022 年的 0.0174 人/百万工时，两者相差 0.0146 人/百万工时。英国石油的因工致死率较高，需要进一步降低因工致死率，缩小与优秀对标公司的差异。

2022 年因工致死率排名并列第一位的对标公司是挪威国油、伍德赛德和马拉松，其因工致死率均为 0 人/百万工时，在保障员工安全、生产环境安全等方面表现优异。2022 年因工致死率排名后三位的对标公司是埃尼、英国石油和赫斯，2022 年埃尼的因工致死率为 0.0146 人/百万工时，英国石油的因工致死率为 0.0174 人/百万工时，赫斯的因工致死率为 0.1429 人/百万工时，远高于指标平均值 0.0176 人/百万工时。

第三节　基于构建虚拟管理标杆的对标分析

一、构建虚拟管理标杆

从综合对标维度来看，伍德赛德、挪威国油、马拉松等对标公司表现较好，中国石油、中国石化和英国石油等对标公司还有较大的进步空间。

基于对标分析的石油公司价值创造研究

油气生产维度发展比较好的公司有伍德赛德、挪威国油、埃尼等，中国石油、中国石化和英国石油等在油气生产方面还有较大的进步空间。绿色低碳维度发展比较好的公司有中国石化、中国石油和马拉松等，英国石油、道达尔和雪佛龙等在绿色低碳方面还有较大的进步空间。效率效益表现比较好的公司有伍德赛德、埃克森美孚和马拉松等，中国石油、英国石油和中国石化等在效率效益方面还有很大进步空间。创新发展表现比较好的公司有中国石化、中国石油和壳牌等，赫斯、马拉松和伍德赛德等在创新发展方面还有很大进步空间。员工发展表现比较好的公司有道达尔、雪佛龙和埃克森美孚等，英国石油、中国石化和中国石油等在员工发展方面还有很大提升空间。安全管理维度发展比较好的公司有中国石油、中国石化和埃尼等，英国石油、挪威国油和赫斯等在安全管理方面还有较大的进步空间。基于6个定量管理维度的价值创造对标结果，选择各维度表现优异的对标公司，构建6个定量维度的虚拟管理标杆，如图3-54所示。

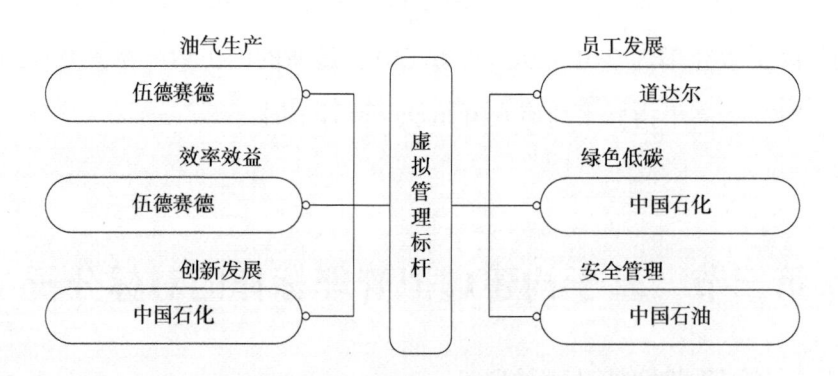

图 3-54 虚拟管理标杆

二、基于虚拟管理标杆的对标分析

基于上述构建的 6 个定量维度的虚拟管理标杆，通过分析其他参与对标的石油公司与虚拟管理标杆的差距，以期为多个国内外石油公司提出发展建议。

壳牌：整体来看，壳牌价值创造能力在参与对标的 12 家对标公司中表现处于中等水平。从各维度来看，在油气生产维度，壳牌与该维度下的虚拟管理标杆（伍德赛德）差距较大。伍德赛德 2020—2022 年油气生产维度排名位于前两位，壳牌 2022 年该维度排名位于第 9 位，说明壳牌在油气生产方面还有较大的进步空间，2022 年壳牌的桶油生产成本比伍德赛德高 6.42 美元 / 桶，壳牌还需进一步采取降本措施，减少油气生产中的成本；伍德赛德的石油产量增长率比壳牌高 147.93%，壳牌在石油开发方面还需不断努力，加大勘探开发力度。总的来说，壳牌在油气生产维度与虚拟管理标杆相比还有较大距离，还需继续努力。在效率效益维度，壳牌与该维度下的虚拟管理标杆（伍德赛德）差距较大，伍德赛德 2021—2022 年效率效益维度一直位于第 1 位，壳牌 2021—2022 年该维度排名一直位于第 9 位，壳牌在效率效益方面还有较大的进步空间，2022 年壳牌的人均净利润比伍德赛德低 102.42 万美元，壳牌还需持续降本增效。伍德赛德的人均产量比壳牌高 2.41 万桶，壳牌在油气开发方面还需不断努力。总的来说，壳牌在效率效益与虚拟管理标杆相比还有较大距离，仍有继续提升的潜力。在员工发展维度，壳牌与该维度下的虚拟管理标杆（道达尔）差距较大，道达尔 2021 年和 2022 年员工发展维度一直位于第 1 位，但壳牌 2021 年和 2022 年该维度排名分别位于第 12 位和第 7 位，说明壳牌在员工发展维度还有较大的进步空间，2022 年道达尔的管理人员占比比壳牌高约 16.65%，壳牌还需增加管理人员人数。总的来说,壳牌在员工发展维度与虚拟管理标杆相比还有一定距离,还需继续努力。在绿色低碳维度,壳牌与该维度下的虚拟管理标杆(中国石化)差距较大,中国石化在绿色低碳维度2021年和2022年分别位于第4位和第1位,壳牌2021年和2022年该维度排名分别位于第2位和第7位,壳牌在绿色低碳方面虽然表现良好,但与中国石化相比还有一定的进步空间。2022年中国石化的二氧化硫排放强度低于壳牌,约低0.24吨/万桶,壳牌还需减少二氧化硫排放量。总的来说,壳牌在绿色低碳维度与虚拟管理标杆相比还有一定距离,有继续提升的潜力。在创新发展维度,壳牌与该维度下的虚拟管理标杆(中国石化)差距较大,中国石化在创新发展维度方面2021—2022年一直稳定在第1位,壳牌2021年和2022年该维度排名分别位于第7位和第3位,壳牌在创新发展方面虽然表现良好,但与中国石化相比还有一定差距。2022年中国石化的研发投入强度比壳牌高约584.7%,壳牌还需增加研发投入。总的来说,壳牌在创新发展维度与虚拟管理标杆相比还有一定距离,还需继续努力。在安全管理维度,壳牌与该维度下的虚拟管理标杆(中国石油)差距较大,中国石油在安全管理维度方面2016—2022年一直稳定在第1位,壳牌2021年和2022年该维度排名分别位于第11位和第6位,壳牌在安全管理方面表现不稳定,与中国石油相比还有一定的进步空间。

埃克森美孚:整体来看,埃克森美孚价值创造能力在参与对标的12家公司中处于中上水平。从各维度来看,在油气生产维度,埃克森美孚与该维度下的虚拟管理标杆(伍德赛德)有一定差距,伍德赛德在油气生产维度方面2021年和2022年均位于前两位,埃克森美孚2021年和2022年该维度排名分别位于第2位和第4位,埃克森美孚在油气生产方面还有一定的进步空间,2022年埃克森美孚的桶油生产成本比伍德赛德高4.99美元,埃克森美孚还需进行加强降本措施，减少油气生产中的成本。伍德赛德的石油产量增长率比埃克森美孚高131.9%，埃克森美孚在石油开发方面还需不断努力，加大勘探开发力度。总的来说，埃克森美孚在油气生产维度与虚拟管理标杆相比还有一定距离，仍有继续提升的潜力。在效率效益维度，埃克森美孚与该维度下的虚拟管理标杆（伍德赛德）差距较大，伍德赛德在效率效益维度方面2020—2022年一直处于第1位，埃克森美孚2021年和2022年该维度排名分别位于第8位和第2位，埃克森美孚在效率效益方面还有一定的进步空间；2022年埃克森美孚的人均净利润比伍德赛德低约56.13万美元，埃克森美孚还需持续降本增效。伍德赛德的人均产量比埃克森美孚高1.31万桶，埃克森美孚在油气开发方面还需不断努力。总的来说，埃克森美孚在效率效益维度与虚拟管理标杆相比还有较大距离。在员工发展维度，埃克森美孚与该维度的虚拟管理标杆（道达尔）差距较大，2021年和2022年道达尔在员工发展维度一直处于第1位，埃克森美孚则分别位于第6位和第3位，2022年道达尔的管理人员占比比埃克森美孚高约4.59%，埃克森美孚还需增加管理人员人数。总的来说，埃克森美孚在员工发展维度与虚拟管理标杆相比还有一定距离，仍有继续提升的潜力。在绿色低碳维度，埃克森美孚与该维度下的虚拟管理标杆（中国石化）差距较大，2022年中国石化在绿色低碳维度排名位于第1位，埃克森美孚排名位于第9位，2022年中国石化的二氧化硫排放强度比埃克森美孚低约0.47吨/万桶，埃克森美孚还需减少二氧化硫排放量，中国石化的氮氧化物排放强度比埃克森美孚低0.39吨/万桶。总的来说，埃克森美孚在绿色低碳维度与虚拟管理标杆相比还有一定距离，还需继续努力。在创新发展维度，埃克森美孚与该维度下的虚拟管理标杆（中国石化）差距较大，2021年和2022年中国石化在创新发展维度方面一直稳定在第1位，埃克森美孚排名分别位于第3位和第

4位；2022年中国石化的研发投入强度比埃克森美孚高约626.18%，埃克森美孚还需增加研发投入。总的来说，埃克森美孚在创新发展维度与虚拟管理标杆相比还有一定距离，仍有继续提升的潜力。在安全管理维度，埃克森美孚与该维度下的虚拟管理标杆（中国石油）差距较大，2016—2022年中国石油在安全管理维度一直稳定在第1位，埃克森美孚2021年和2022年该维度排名均位于第5位，埃克森美孚在安全管理方面还有进步空间；2022年中国石油的可记录事件率比埃克森美孚低0.78起/百万工时。

英国石油：整体来看，英国石油价值创造能力在参与对标的12家公司中水平偏低。从各个维度看，在油气生产维度，英国石油与该维度下的虚拟管理标杆（伍德赛德）有一定差距，2021年和2022年伍德赛德在油气生产维度均位于前两位，而英国石油排名分别位于第11位和第12位，2022年伍德赛德的天然气产量增长率比英国石油高76.83%，英国石油在天然气开发方面还需加大勘探开发力度。2022年伍德赛德的储量替代率比英国石油高1861.78%。总的来说，英国石油在油气生产维度与虚拟管理标杆相比还有较大距离，仍有提升的潜力。在效率效益维度，英国石油与该维度下的虚拟管理标杆（伍德赛德）差距较大，2020—2022年伍德赛德在效率效益维度一直处于第1位，而英国石油2021—2022年排名位于第11位，英国石油在效率效益方面还有较大的进步空间；2022年英国石油的人均净利润比伍德赛德低150.52万美元/人；2022年伍德赛德的人均产量比英国石油高2.24万桶，英国石油在油气开发方面还需不断努力。总的来说，英国石油在效率效益与虚拟管理标杆相比还有较大距离。在员工发展维度，英国石油与该维度下的虚拟管理标杆（道达尔）差距较大，2021年和2022年道达尔在员工发展维度一直处于第1位，而英国石油排名分别位于第7位和第10位；2022年道达尔的管理人员占比比英国石油高17.54%。总的来说，

第三章 ▶ 基于对标的定量对标结果分析

英国石油在员工发展维度与虚拟管理标杆相比还有一定距离，仍有提升的潜力。在绿色低碳维度，英国石油与该维度下的虚拟管理标杆（中国石化）差距较大，2022年中国石化在绿色低碳维度排名位于第1位，2021年和2022年英国石油排名均位于第10位；2022年中国石化的氮氧化物排放强度比英国石油低约0.05吨/万桶，英国石油还需减少二氧化硫排放量；中国石化桶油无害废弃物产量比英国石油高39.12吨/万桶。总的来说，英国石油在绿色低碳维度与虚拟管理标杆相比还有一定距离。在创新发展维度，英国石油与该维度下的虚拟管理标杆（中国石化）差距较大，2021年和2022年中国石化在创新发展维度一直稳定在第1位，而英国石油排名分别位于第11位和第7位；2022年中国石化的研发投入强度比英国石油高约654.32%，英国石油还需加大研发投入强度。总的来说，英国石油在创新发展维度与虚拟管理标杆相比还有一定距离，还需继续努力。在安全管理维度，英国石油与该维度下的虚拟管理标杆（中国石油）差距较大，2016—2022年中国石油在安全管理维度一直稳定在第1位，英国石油2021年和2022年排名分别位于第9位和第10位，英国石油在安全管理方面还有一定的进步空间。

埃尼：整体来看，埃尼价值创造能力在参与对标的12家公司中位于中等水平。从各个维度看，在油气生产维度，埃尼与该维度下的虚拟管理标杆（伍德赛德）有一定差距，2021年和2022年伍德赛德在油气生产维度均位于前两位，埃尼该维度排名一直位于第3位，埃尼在油气生产方面还有进步空间；2022年伍德赛德的天然气产量增长率比埃尼高70.31%。埃尼在天然气开发方面还需加大勘探开发力度。2022年伍德赛德的储量替代率比埃尼高862.25%，埃尼在储量管理方面还有待加强。总的来说，埃尼在油气生产维度与虚拟管理标杆相比还有一定差距，还需继续努力。在效率效益维度，埃尼与该维度下的虚拟管理标杆（伍德赛德）差距较大，2021—2022年伍德赛德在效率效益维度一直处于第1位，而埃尼排名一直位于第7位，埃尼在效率效益方面还有较大的进步空间；2022年，埃尼的人均净利润比伍德赛德低103.11万美元，埃尼还需持续降本增效，伍德赛德的人均产量比埃尼高1.89万桶。总的来说，埃尼在效率效益与虚拟管理标杆相比还有较大距离，有提升的潜力。在员工发展维度，埃尼与该维度下的虚拟管理标杆（道达尔）差距较大，道达尔连续几年在员工发展维度方面位于第1位，而埃尼排名中等，说明埃尼在员工发展方面还有一定的进步空间；2022年道达尔的管理人员占比比埃尼高约15.5%，埃尼还需提高管理人员占比。总的来说，埃尼在员工发展维度与虚拟管理标杆相比还有一定距离，还需继续努力。在绿色低碳维度，埃尼与该维度下的虚拟管理标杆（中国石化）差距较大，2016—2022年中国石化在绿色低碳维度下一直稳定在前4位，2020年和2022年位于第1位，2021年和2022年埃尼排名分别位于第3位和第5位；2022年中国石化的氮氧化物排放强度比埃尼低0.51吨/万桶，中国石化二氧化硫排放强度比埃尼低0.23吨/万桶，埃尼还需减少有害污染物的排放量。总的来说，埃尼在绿色低碳维度与虚拟管理标杆相比还有一定距离，有一定的进步空间。在创新发展维度，埃尼与该维度下的虚拟管理标杆（中国石化）差距较大，2020—2022年中国石化在创新发展维度一直稳定在第1位，2021年和2022年埃尼排名分别位于第8位和第9位，说明埃尼在创新发展方面与中国石化相比还有很大的进步空间；2022年中国石化的研发投入强度比埃尼高约653.16%，埃尼还需增加研发投入。总的来说，埃尼在创新发展维度与虚拟管理标杆相比还有一定距离，仍有继续提升的潜力。在安全管理维度，埃尼与该维度下的虚拟管理标杆（中国石油）差距较大，2016—2022年中国石油在安全管理维度一直稳定在第1位，

第三章 ▶ 基于对标的定量对标结果分析

2021年和2022年埃尼排名分别位于第2位和第3位，说明埃尼在安全管理方面表现优异，但与中国石油相比还有一定的进步空间。

道达尔：整体来看，道达尔的价值创造能力在参与对标的12家公司中处于中等偏下水平。从各个维度看，在油气生产维度，道达尔与该维度下的虚拟管理标杆（伍德赛德）有一定差距，2020年和2022年伍德赛德在油气生产维度均处于前两位，2021年和2022年道达尔排名分别位于第6位和第7位，说明道达尔在油气生产方面还有较大的进步空间；2022年伍德赛德的天然气产量增长率比道达尔高73.29%，道达尔在天然气开发方面还需努力，加大勘探开发力度。伍德赛德的储量替代率比道达尔高1028.64%，道达尔在储量管理方面还有待加强。总的来说，道达尔在油气生产维度与虚拟管理标杆相比还有较大距离，仍有继续提升的潜力。在效率效益维度，道达尔与该维度下的虚拟管理标杆（伍德赛德）差距较大，2021年和2022年伍德赛德在效率效益维度方面位于第1位，道达尔排名分别位于第5位和第8位，说明道达尔在效率效益方面还有较大的进步空间；2022年道达尔的人均净利润比伍德赛德低128.25万美元，道达尔还需持续降本增效，伍德赛德的人均产量比道达尔高2.61万桶，这说明道达尔在油气开发方面还需不断努力。总的来说，道达尔在效率效益与虚拟管理标杆相比还有较大距离，还需继续努力。在员工发展维度，道达尔2020—2022年排名一直位于第1位，道达尔在员工发展方面表现突出，被选为虚拟管理标杆。在绿色低碳维度，道达尔与该维度下的虚拟管理标杆（中国石化）差距较大，2020年和2022年中国石化在绿色低碳维度排名位于第1位，2021年和2022年道达尔排名分别位于第12位和第11位；2022年中国石化的氮氧化物排放强度比道达尔低约0.23吨/万桶，中国石化二氧化硫排放强度比道达尔低0.03吨/万桶，道达尔还需减少有害污染物的排放量。总的来说，道达尔在绿色低碳维度与虚拟管理标杆相比还有一定距离，仍有继续提升的潜力。在创新发展维度，道达尔与该维度下的虚拟管理标杆（中国石化）差距较大，2020—2022年中国石化在创新发展维度一直稳定在第1位，2021年和2022年道达尔近两年维度排名分别位于第6位和第5位，说明道达尔在创新发展方面还有很大的进步空间；2022年中国石化的研发投入强度约比道达尔高606%，道达尔还需提高研发投入强度。总的来说，道达尔在创新发展维度与虚拟管理标杆相比还有一定距离，还需继续努力。在安全管理维度，道达尔与该维度下的虚拟管理标杆（中国石油）差距较大，2017—2022年中国石油在安全管理维度一直稳定在第1位，2021—2022年道达尔该维度排名位于第4位，道达尔2022年可记录事件率比中国石油高0.65起/百万工时，道达尔在安全管理方面处于中上等水平，但与中国石油相比还有一定的进步空间。

雪佛龙：整体来看，雪佛龙价值创造能力在参与对标的12家公司中处于中等偏上水平。从各个维度看，在油气生产维度，雪佛龙与该维度下的虚拟管理标杆（伍德赛德）有一定差距，2020—2022年伍德赛德在油气生产维度排名位于前两位，雪佛龙2021年和2022年排名分别位于第4位和第6位，说明雪佛龙在油气生产方面还有较大的进步空间；2022年伍德赛德的天然气产量增长率比雪佛龙高67.41%，雪佛龙在天然气开发方面还需不断努力，加大勘探开发力度。2022年伍德赛德的储量替代率比雪佛龙高881.1%，这说明雪佛龙在储量管理方面还有待加强。总的来说，雪佛龙在油气生产维度与虚拟管理标杆相比还有较大距离，还需继续努力。在效率效益维度，雪佛龙与该维度下的虚拟管理标杆（伍德赛德）差距较大，2020—2022年伍德赛德在效率效益维度一直处于第1位，雪佛龙2021年和2022年排名分别位于第4位和第6位，排名不稳定，说明雪佛龙在效率效益方面还有一定的进步空间，2022年雪佛龙的人均净利润比伍德赛德低55.45万美元/人，雪佛龙还需持续降本增效；2022年伍德赛德的人均产量比雪佛龙高0.7万桶/人，这说明雪佛龙在油气开发方面还需不断努力。总的来说，雪佛龙在效率效益与虚拟管理标杆相比还有较大距离，还需继续努力。在员工发展维度，雪佛龙与该维度下的虚拟管理标杆（道达尔）差距较大，2021年和2022年道达尔在员工发展维度一直处于第1位，而雪佛龙排名分别位于第5位和第2位，雪佛龙在员工发展方面表现良好；2022年道达尔的管理人员占比比雪佛龙高3.35%，雪佛龙还需增加管理人员占比。总的来说，雪佛龙在员工发展维度与虚拟管理标杆相比还有一定距离，还需继续努力。在绿色低碳维度，雪佛龙与该维度下的虚拟管理标杆（中国石化）差距较大，2020年和2022年中国石化在绿色低碳维度排名位于第1位，2021年和2022年雪佛龙排名分别位于第9位和第12位，雪佛龙在绿色低碳方面与虚拟管理标杆相比还有一定的进步空间；2022年中国石化的氮氧化物排放强度比雪佛龙低0.58吨/万桶，中国石化二氧化硫排放强度比雪佛龙低0.54吨/万桶，雪佛龙还需减少有害污染物的排放量。总的来说，雪佛龙在绿色低碳维度与虚拟管理标杆相比还有一定距离，还需继续努力。在创新发展维度，雪佛龙与该维度下的虚拟管理标杆（中国石化）差距较大，2020年和2021年中国石化在创新发展维度一直稳定在第1位，而雪佛龙排名分别位于第12位和第8位；2022年中国石化的研发投入强度比雪佛龙高约660.5%，雪佛龙还需增加研发投入。总的来说，雪佛龙在创新发展维度与虚拟管理标杆相比还有一定距离，还需继续努力。在安全管理维度，雪佛龙与该维度下的虚拟管理标杆（中国石油）差距较大，2017—2022年中国石油在安全管理维度一直稳定在第1位，2021年和2022年雪佛龙排名分别位于第10位和第8位；2022年雪佛龙的可记录事件率比中国石油高1.03

起/百万工时，说明雪佛龙在安全管理方面表现不稳定，与中国石油相比还有一定的进步空间。

挪威国油：整体来看，挪威国油价值创造能力在参与对标的12家对标公司中优于中等水平。从各维度来看，在油气生产维度，挪威国油与该维度下的虚拟管理标杆（伍德赛德）差距较小，2021年和2022年伍德赛德在油气生产维度分别位于第1位和第2位，挪威国油排名分别在第5位和第1位，说明挪威国油较往年在油气生产方面进步较大；2022年伍德赛德的石油产量增长率比挪威国油高138.59%，说明挪威国油在石油开发方面还需努力，加大勘探开发力度；2022年伍德赛德的储量替代率比挪威国油高856.28%，这说明挪威国油在补充储量方面有所欠缺，需改进现有的油田开发和管理模式，加大对新油气田的勘探投入。总的来说，挪威国油在油气生产维度尽管取得了显著进步，但仍需进一步提升。在员工发展维度，挪威国油与该维度下的虚拟管理标杆（道达尔）差距较小，2021年和2022年道达尔在员工发展维度均位于第1位，表现良好且较稳定，挪威国油排名分别位于第2位和第6位，说明挪威国油在员工发展方面还有较大的进步空间，2022年道达尔的管理人员占比比挪威国油高11.47%，说明挪威国油在管理人员的发展和培养方面还有提升空间。总的来说，挪威国油在员工发展维度与虚拟管理标杆相比还有较大距离，需加大对潜在管理人员的培训和发展投入。在效率效益维度，挪威国油与该维度下的虚拟管理标杆（伍德赛德）差距较小，2021年和2022年伍德赛德在效率效益维度均处于第1位，挪威国油排名分别位于第2位和第4位，说明挪威国油在效率效益方面表现较好；2022年伍德赛德的营业收入增长率比挪威国油高75.69%，说明挪威国油在营业收入增长率方面还有提升空间；2022年伍德赛德的利润总额增长率比挪威国油高82.85%。总的来说，挪威国油在效率效益维度与虚拟管理标杆相比还有一定距离，仍需提高盈利能力和人均收益。在绿色低碳维度，挪威国油与该维度下的虚拟管理标杆（中国石化）差距较小，2021年和2022年中国石化在绿色低碳维度下分别位于第4位和第1位，挪威国油排名则在第5位和第4位，说明挪威国油在绿色低碳方面还有一定的进步空间，2022年中国石化的桶油有害废弃物处理量比挪威国油高8.34吨/万桶，说明挪威国油在有害废弃物处理方面仍需加强管理；2022年中国石化的桶油无害废弃物处理量比挪威国油高41.13吨/万桶，说明挪威国油在无害废弃物处理方面也存在明显差距。总的来说，挪威国油在绿色低碳维度与虚拟管理标杆相比还有较大距离，仍需强化企业责任，提高废弃物处理能力。在创新发展维度，挪威国油与该维度下的虚拟管理标杆（中国石化）差距较大，2021年和2022年中国石化在创新发展维度下均处于第1位，挪威国油排名则分别位于第9位和第6位，说明挪威国油在创新发展方面还有较大的进步空间；2022年中国石化的研发投入强度比挪威国油高约640%，说明挪威国油在研发投入方面还有明显的提升空间。总的来说，挪威国油在创新发展维度与虚拟管理标杆相比还有较大距离，仍需增加研发预算和资源投入，确保有足够的资金支持创新项目和技术研发。在安全管理维度，挪威国油与该维度下的虚拟管理标杆（中国石油）差距较大，2021年和2022年中国石油在安全管理维度均处于第1位，挪威国油排名分别位于第12位和第11位，说明挪威国油在安全管理方面还有较大的进步空间，2022年挪威国油的可记录事件率比中国石油高2.48起/百万工时，说明挪威国油在安全管理和风险控制方面还有改进空间。总的来说，挪威国油在安全管理维度与虚拟管理标杆相比还有一定距离，仍需完善安全管理体系，提升安全技术。

赫斯：整体来看，赫斯价值创造能力在参与对标的12家对标公司中处于中等偏下水平。从各维度来看，在油气生产维度，赫斯与该维度下的虚拟管理标杆（伍德赛德）差距较大，2021年和2022年伍德赛德在油气生产维度分别位于第1位和第2位，赫斯排名均位于第8位，说明赫斯在油气生产方面还有较大的进步空间；2022年伍德赛德的石油产量增长率比赫斯高119.36%，说明赫斯在石油开发方面还需不断努力，加大勘探开发力度；2022年伍德赛德的储量替代率比赫斯高910.78%，这说明赫斯在补充储量方面有所欠缺，需改进现有的油田开发和管理方式，加大对新油气田的勘探投入。总的来说，赫斯在油气生产维度与虚拟管理标杆相比还有较大距离，还需继续努力。在员工发展维度，赫斯与该维度下的虚拟管理标杆（道达尔）差距较大，2021年和2022年道达尔在员工发展维度均处于第1位，表现良好且较稳定，赫斯排名分别位于第8位和第9位，说明赫斯在员工发展方面还有较大的进步空间；2022年道达尔的管理人员占比比赫斯高16.04%，说明赫斯在管理人员的发展和培养方面还有提升空间。总的来说，赫斯在员工发展维度与虚拟管理标杆相比还有较大距离，需加大对潜在管理人员的培训和发展投入。在效率效益维度，赫斯与该维度下的虚拟管理标杆（伍德赛德）差距较小，2021年和2022年伍德赛德在效率效益维度均处于第1位，赫斯排名分别在第6位和第8位，说明赫斯在效率效益方面还有一定的进步空间；2022年伍德赛德的营业收入增长率比赫斯高90.02%；伍德赛德的净利润增长率比赫斯高48%。总的来说，赫斯在效率效益维度与虚拟管理标杆相比还有一定距离，需提高盈利能力和人均收益。在绿色低碳维度，赫斯与该维度下的虚拟管理标杆（中国石化）差距较大，2021年和2022年中国石化在绿色低碳维度分别位于第4位和第1位，赫斯排名分别位于第7位和第8位，说明赫斯在绿色低碳方面还有较大的进步空间；2022年赫斯的桶油有害废弃物处理量排名位于第1位，其桶油有害废弃物产量较低；中国石化的桶油无害废弃物处理量高于赫斯 39.38 吨/万桶，说明赫斯在无害废弃物处理方面存在不足。总的来说，赫斯在绿色低碳维度与虚拟管理标杆相比还有较大距离，仍需强化企业责任，提高废弃物处理能力。在创新发展维度，赫斯与该维度下的虚拟管理标杆（中国石化）差距较大，2021 年和 2022 年中国石化在创新发展维度均处于第 1 位，赫斯排名分别位于第 5 位和第 10 位，说明赫斯在创新发展方面还有较大的进步空间，2022 年中国石化的研发投入增长率比赫斯高 5.46%；中国石化的研发投入强度比赫斯高 664.5%，说明赫斯在研发投入方面还有提升空间。总的来说，赫斯在创新发展维度与虚拟管理标杆相比还有较大距离，仍需增加对研发的预算和资源投入，确保有足够的资金支持创新项目和技术研发。在安全管理维度，赫斯与该维度下的虚拟管理标杆（中国石油）差距较大，2021—2022 年中国石油在安全管理维度均处于第 1 位，赫斯排名分别位于第 7 位和第 12 位，说明赫斯在安全管理方面还有较大的进步空间，2022 年赫斯的可记录事件率约比中国石油高 2.18 起/百万工时，说明赫斯安全事件的发生频率较高，在安全管理和风险控制方面还有改进空间。总的来说，赫斯在安全管理维度与虚拟管理标杆相比还有一定距离，仍需完善安全管理体系，提升安全技术。

　　伍德赛德：整体来看，伍德赛德价值创造能力在参与对标的 12 家对标公司中处于中等偏上水平。从各维度来看，在油气生产维度，伍德赛德表现较好，2021 年和 2022 年均处于前两位，被选为虚拟管理标杆。在员工发展维度，伍德赛德与该维度下的虚拟管理标杆（道达尔）差距较小，2021 年和 2022 年道达尔在员工发展维度均处于第 1 位，表现良好且较稳定，伍德赛德排名分别位于第 9 位和第 4 位，说明伍德赛德在员工发展方面有所提升，仍有一定的进步空间；2022 年道达尔的管理人员占比比伍德赛德高

16.5%，说明伍德赛德在管理人员的发展和培养方面还有提升空间。总的来说，伍德赛德在员工发展维度与虚拟管理标杆相比还有较大距离，仍需增加对潜在管理人员的培训和发展投入。在效率效益维度，伍德赛德在12家对标公司中表现优异，2021年和2022年均位于第1位，被选为虚拟管理标杆。在绿色低碳维度，伍德赛德与该维度下的虚拟管理标杆（中国石化）差距较大，2021年和2022年中国石化在绿色低碳维度排名分别位于第4位和第1位，伍德赛德排名分别位于第11位和第6位，说明伍德赛德在绿色低碳方面还有较大的进步空间；2022年中国石化的桶油有害废弃物处理量比伍德赛德高10.16吨/万桶，说明伍德赛德在有害废弃物处理方面需加强管理；中国石化的桶油无害废弃物处理量比伍德赛德高41.54吨/万桶，说明伍德赛德在桶油无害废弃物处理方面也存在进步空间。总的来说，伍德赛德在绿色低碳维度与虚拟管理标杆相比还有较大距离，仍需强化企业责任，提高废弃物处理能力。在创新发展维度，伍德赛德与该维度下的虚拟管理标杆（中国石化）差距较大，2021年和2022年中国石化在创新发展维度均处于第1位，伍德赛德排名分别位于第10位和第12位，说明伍德赛德在创新发展方面还有较大的进步空间；2022年中国石化的研发投入增长率比伍德赛德高8.07%，说明伍德赛德需要加快研发投入的增长速度，以保持竞争力；中国石化的研发投入强度高于伍德赛德672.81%，说明伍德赛德在研发投入方面还有明显的提升空间。总的来说，伍德赛德在创新发展维度与虚拟管理标杆相比还有较大距离，需增加对研发的预算和资源投入，确保有足够的资金支持创新项目和技术研发。在安全管理维度，伍德赛德与该维度下的虚拟管理标杆（中国石油）差距较大，2021年和2022年中国石油在安全管理维度均处于第1位，伍德赛德排名分别位于第8位和第9位，说明伍德赛德在安全管理方面还有较大的进步空间；2022年伍德赛德的可记录事件率比中国石油高 1.78 起 / 百万工时，说明伍德赛德安全事件的发生频率更高，在安全管理和风险控制方面还有改进空间。总的来说，伍德赛德在安全管理维度与虚拟管理标杆相比还有一定距离，需进一步完善安全管理体系，提升安全技术。

马拉松：整体来看，马拉松价值创造能力在参与对标的 12 家对标公司中处于较高水平。从各维度来看，在油气生产维度，马拉松与该维度下的虚拟管理标杆（伍德赛德）差距较大，2021 年和 2022 年伍德赛德在油气生产维度均处于前两位，马拉松排名分别位于第 12 位和第 5 位，说明马拉松在油气生产方面表现不稳定；2022 年伍德赛德的天然气产量增长率比马拉松高 67.95%，说明马拉松在天然气开发方面还需不断努力，加大勘探开发力度；伍德赛德的储量替代率比马拉松高 669.1%，这说明马拉松在补充和扩展储量方面有所欠缺，需改进现有油田的开发和管理方式，加大对新油气田的勘探投入。总的来说，马拉松在油气生产维度与虚拟管理标杆相比还有一定距离，需在勘探开发力度等方面进一步提升。在员工发展维度，马拉松表现较好，2021 年和 2022 年分别位于第 3 位和第 5 位，与该维度的虚拟管理标杆（道达尔）水平相近，2022 年道达尔管理人员占比比马拉松高 0.19%。在效率效益维度，马拉松表现较好，2021 年和 2022 年均处于第 3 位，与该维度的虚拟管理标杆（伍德赛德）差距较小，2022 年伍德赛德的营业收入增长率比马拉松高 94.56%。在绿色低碳维度，马拉松与该维度下的虚拟管理标杆（中国石化）差距较大，中国石化 2021 年和 2022 年绿色低碳维度排名分别位于第 4 位和第 1 位，马拉松该维度排名分别位于第 6 位和第 3 位，说明马拉松在绿色低碳方面还有较大的进步空间，2022 年中国石化的桶油有害废弃物处理量比马拉松高 8.15 吨 / 万桶；2022 年中国石化的桶油无害废弃物处理量比马拉松高 38.19 吨 / 万桶。总的来说，马拉松在绿色低碳维度与虚拟管理标杆相比还有一定距离，需强化企业责任，提高废弃物处理能力。在创新发展维度，马拉松与该维度下的虚拟管理标杆（中国石化）差距较小，2021年和2022年中国石化在创新发展维度均处于第1位，马拉松排名分别位于第4位和第11位，说明马拉松在创新发展方面还有一定的进步空间；2022年中国石化的研发投入强度比马拉松高670.41%，说明马拉松在研发投入方面还有明显的提升空间。总的来说，马拉松在创新发展维度与虚拟管理标杆相比还有一定距离，仍需增加对研发的预算和资源投入，确保有足够的资金支持创新项目和技术研发。在安全管理维度，马拉松与该维度下的虚拟管理标杆（中国石油）差距较大，2021年和2022年中国石油在安全管理维度均处于第1位，马拉松排名分别位于第6位和第7位，说明马拉松在安全管理方面还有较大的进步空间；2022年马拉松的可记录事件率比中国石油高1.48起/百万工时，说明马拉松安全事件的发生频率更高，在安全管理和风险控制方面还有改进空间。总的来说，马拉松在安全管理维度与虚拟管理标杆相比还有一定距离，仍需完善安全管理体系，提升安全技术。

中国石油：整体来看，中国石油价值创造能力在参与对标的12家对标公司中处于中等偏下水平。从各维度来看，在油气生产维度，中国石油与该维度下的虚拟管理标杆（伍德赛德）差距较大，2021年和2022年伍德赛德在油气生产维度分别位于第1位和第2位，中国石油排名分别位于第9位和第10位，说明中国石油在油气生产方面还有较大的进步空间；2022年中国石油的桶油生产成本比伍德赛德约高13.05美元/桶，中国石油还需进行加强降本措施，减少油气生产中的成本；2022年伍德赛德的石油产量增长率比中国石油高132.49%，说明中国石油在石油开发方面还需不断努力，加大勘探开发力度。总的来说，中国石油在油气生产维度与虚拟管理标杆相比还有较大距离，还需继续努力。在员工发展维度，中国石油与该维度下的虚拟管理标杆（道达尔）差距较大，2021年和2022年道达尔在员工发展维度均处于第1位，表现良好且较稳定，中国石油排名分别位于第11位和第12位，说明中国石油在员工发展方面还有较大的进步空间；2022年道达尔的管理人员占比比中国石油高17.95%，说明中国石油在管理人员的发展和培养方面还有提升空间；2022年道达尔的人员规模变化率比中国石油高4.46%，说明中国石油在人员管理和扩展方面可能相对保守。总的来说，中国石油在员工发展维度与虚拟管理标杆相比还有较大距离，仍需加强对管理人员的培养，适当提高人员流动性，进行合理的人员扩展和调整。在效率效益维度，中国石油与该维度下的虚拟管理标杆（伍德赛德）差距较大，2021—2022年伍德赛德在效率效益维度位于第1位，中国石油排名位于第10位，说明中国石油在效率效益方面还有较大的进步空间，2022年伍德赛德的净利润增长率比中国石油高150.26%，说明中国石油在盈利能力方面还有提升空间；2022年伍德赛德的人均净利润比中国石油高141.79万美元。总的来说，中国石油在效率效益维度与虚拟管理标杆相比还有一定距离，仍需提高盈利能力和人均收益。在绿色低碳维度，中国石油与该维度下的虚拟管理标杆（中国石化）差距较小，2021年和2022年中国石化在绿色低碳维度处在第4位和第1位，中国石油排名位于第8位和第2位，说明中国石油在绿色低碳方面表现较好；2022年中国石化的桶油有害废弃物处理量比中国石油高4.94吨/万桶，说明中国石油在有害废弃物处理方面仍需加强管理并改进；2022年中国石化的桶油无害废弃物处理量高于中国石油26.91吨/万桶，说明中国石油在无害废弃物处理方面也存在一定差距。总的来说，中国石油在绿色低碳维度与虚拟管理标杆相比还有一定距离，仍需强化企业责任，提高废弃物处理能力。在创新发展维度，中国石油与该维度下的虚拟管理标杆（中国石化）差距较小，2021—2022年中国石化在创新发展维度下近两年处于第1位，中国石油排名位于第2位，说明中国石油在创新发展方面表现较好；2022年中国石化的研发投入强度比中国石油高431.41%，说明中国石油在研发投入方面还有明显的提升空间。总的来说，中国石油在创新发展维度与虚拟管理标杆相比还有一定距离，仍需增加对研发的预算和资源投入，确保有足够的资金支持创新项目和技术研发。在安全管理维度，中国石油发展较好，2021—2022年均处于第1位，被选为虚拟管理标杆。

  中国石化：整体来看，中国石化价值创造能力在参与对标的12家对标公司中表现低于中等水平。从各维度来看，在油气生产维度，中国石化与该维度下的虚拟管理标杆（伍德赛德）差距较大，2021年和2022年伍德赛德在油气生产维度分别位于第1位和第2位，中国石化排名则在第7位和第11位，说明中国石化在油气生产方面还有较大的进步空间；2022年中国石化的桶油生产成本比伍德赛德高15.28美元/桶，中国石化还需进行加强降本措施，减少油气生产中的成本；2022年伍德赛德的石油产量增长率比中国石化高134.16%，说明中国石化在石油开发方面还需不断努力，加大勘探开发力度。总的来说，中国石化在油气生产维度与虚拟管理标杆相比还有较大距离，还需继续努力。在员工发展维度，中国石化与该维度下的虚拟管理标杆（道达尔）差距较大，2021年和2022年道达尔在员工发展维度均处于第1位，表现良好且较稳定，中国石化排名分别位于第10位和第11位，说明中国石化在员工发展方面还有较大的进步空间；2022年道达尔的管理人员占比比中国石化高17.95%，说明中国石化在管理人员的发展和培养方面还有提升空间；2022年道达尔的人员规模变化率比中国石化高2.8%，说明中国石化在人员管理和扩展方面可能相对保守。总的来说，中国石化

第三章 ▶ 基于对标的定量对标结果分析

在员工发展维度与虚拟管理标杆相比还有较大距离，仍需加强对管理人员的培养，适当提高人员流动性，进行合理的人员扩展和调整。在效率效益维度，中国石化与该维度下的虚拟管理标杆（伍德赛德）差距较大，2021—2022 年伍德赛德在效率效益维度均处于第 1 位，中国石化排名均位于第 12 位，说明中国石化在效率效益方面还有较大的进步空间；2022 年伍德赛德的净利润增长率比中国石化高 233.15%，说明中国石化在盈利能力方面还有提升空间；2022 年伍德赛德的人均净利润比中国石化高 145.86 万美元。总的来说，中国石化在效率效益维度与虚拟管理标杆相比还有一定距离，仍需提高盈利能力和人均收益。在绿色低碳维度，中国石化发展较好，2021 年和 2022 年分别位于第 4 位和第 1 位，被选为虚拟管理标杆。在创新发展维度，中国石化发展较好，近两年均处于第 1 位，被选为虚拟管理标杆。在安全管理维度，中国石化与该维度下的虚拟管理标杆（中国石油）差距较小，2021 年和 2022 年中国石油在安全管理维度均处于第 1 位，中国石化该维度排名分别位于第 3 位和第 2 位，说明中国石化在安全管理方面表现较好。2022 年中国石油的可记录事件率比中国石化低 0.33 起 / 百万工时，中国石油的因工致死率比中国石化低 0.0014 人 / 百万工时。总的来说，中国石化在安全管理维度与虚拟管理标杆相比还有一定距离，仍需完善安全管理体系，提升安全技术。

第四章

基于对标的定性对标结果分析

第一节　公司治理与组织管理维度对标分析

各对标公司的公司治理与组织管理维度关键词可视化词云图如图4-1和图4-2所示。

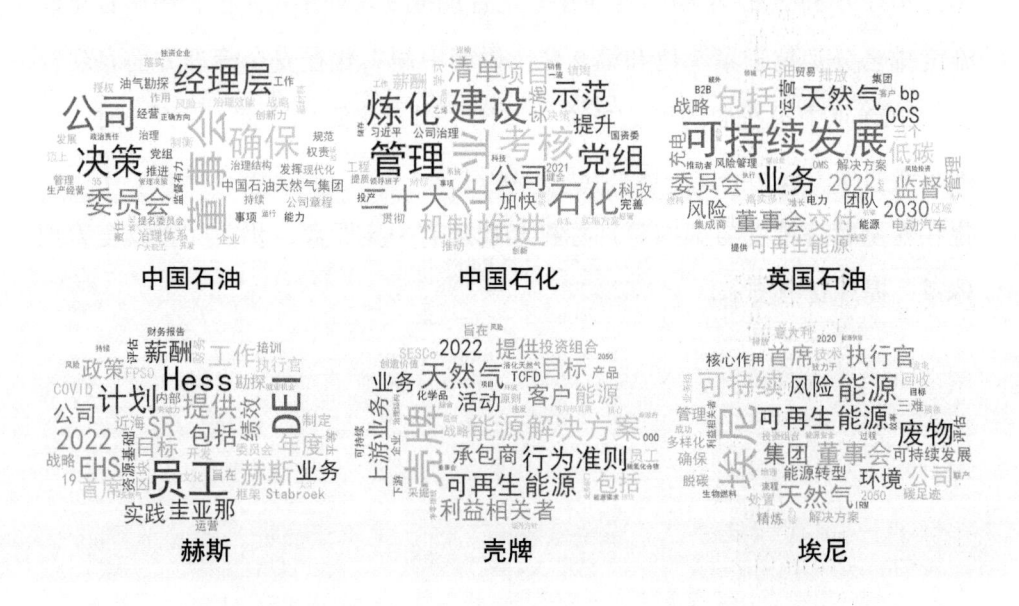

图4-1　中国石油等6家对标公司的公司治理与组织管理关键词可视化词云图

第四章 ▶ 基于对标的定性对标结果分析

雪佛龙	道达尔	挪威国油
伍德赛德	埃克森美孚	马拉松

图 4-2　雪佛龙等 6 家对标公司的公司治理与组织管理关键词可视化词云图

针对各对标公司的公司治理与组织管理关键词可视化结果进行具体分析，结论如下：

（1）中国石油：中国石油在公司治理与组织管理维度的关键词如图 4-3 所示。中国石油是集国内外油气勘探开发和新能源、炼化销售和新材料、支持和服务、资本和金融等业务于一体的综合性国际能源公司，在国内油气勘探开发中居主导地位，业务广泛。公司治理结构主要由公司法人、股东大会、董事会、监事会、经理等构成，严格依照中国相关法规设立，中国石油持续推进公司治理体系和治理能力现代化，构建并持续完善党组与董事会以及经理层权责法定、权责透明、协调运转、有效制衡的公司治理结构，扎实推进治理体系和治理能力现代化，确保企业决策科学、制衡有效、运作规范、监督有力。董事会下设战略发展委员会、提名委员会、薪酬与考核委员会、审计与风险管理委员会（监督委员会）4 个专门委员会，

167

为董事会决策提供咨询和建议。经理层发挥"谋经营、抓落实、强管理"作用，对董事会负责，向董事会报告工作，确保公司战略的贯彻执行，谋划改进生产经营的策略和方案，组织实施董事会决议。

图 4-3　中国石油公司治理与组织管理关键词可视化词云图

（2）中国石化：中国石化在公司治理与组织管理维度的关键词如图 4-4 所示。中国石化是全球石油和石化综合企业，业务包括上游的石油、天然气勘探开发，中游的石油炼制、石化和化工产品生产，下游的石油产品销售、工程技术服务、石化工程建设等多个领域。中国石化是一家上下游一体化、石油石化主业突出、拥有比较完备销售网络、境内外上市的股份制企业。其公司治理结构由股东大会、董事会、监事会等构成，下设多家直属公司和子公司，每个子公司都有自己的领导团队和管理架构。中国石化实行分层管理、职责明晰的公司治理制度，各个子公司有自己的独立经营权和责任，同时又与母公司保持良好的资源共享和任务协调关系。在公司治理和组织管理上，中国石化实行的是多层次、分层管理的公司治理模式。

第四章 ▶ 基于对标的定性对标结果分析

图 4-4 中国石化公司治理与组织管理关键词可视化词云图

（3）英国石油：英国石油在公司治理与组织管理维度的关键词如图 4-5 所示，英国石油的主营业务涵盖了石油和天然气勘探、开采、生产、炼制和销售，以及新能源和可再生能源的开发。天然气业务主要包括生产天然气、天然气和电力一体化以及天然气贸易。低碳业务包括太阳能、海上和陆上风能、碳捕集与封存（Carbon Capture and Storage，简称 CCS）、电力交易。英国石油公司的运营遵循分散化管理的模式，各业务单元相对独立，拥有一定的决策权，以便根据地区性和市场性的差异进行快速反应和调适。英国石油的治理模式采用单层制模式，股东有权决定董事会人选，并有推选或不推选甚至起诉某位董事的权利，但一旦授权董事会负责公司后，股东就不能随意干涉董事会的决策。董事会的专门委员会包括安全与可持续发展委员会、审计委员会、薪酬委员会、人事和治理委员会。英国石油通过强有力的治理机制，确保重要决策权保留给全体董事会，并促成董事会成员之间以及董事会与领导团队之间的相互信任。英国石油管理层、领导团队、董事会和相关委员会定期监督公司识别、评估和管理主要风险。

图 4-5　英国石油公司治理与组织管理关键词可视化词云图

（4）赫斯：赫斯在公司治理与组织管理维度的关键词如图 4-6 所示，赫斯是一家全球知名的能源生产商，主要业务包括原油、液化天然气和天然气的勘探、开发、生产、运输、采购和销售。赫斯公司作为美国的上市公司，遵守美国的公司法和证券交易法，财务和信息披露严格遵守美国的相关法规。赫斯采用高度集权的治理管理模式，为全球市场提供能源服务。注重安全问题，优先考虑员工的安全。赫斯在调整工作政策和福利时会考虑员工的情绪、心理和身体的健康和福祉。赫斯的管理体系旨在促进内部一致性，遵守政策目标并持续优化 EHS（环境、健康与安全）和 SR（社会责任）绩效表现。赫斯的薪酬和福利计划专注于在瞬息万变的行业中吸引并留住高技能专业人员。赫斯每年通过行业特定调查对薪酬计划进行基准测试，并进行年度审查，以识别和解决薪酬差距等问题。

第四章 ▶ 基于对标的定性对标结果分析

图 4-6　赫斯公司治理与组织管理关键词可视化词云图

（5）壳牌：壳牌在公司治理与组织管理维度的关键词如图 4-7 所示，壳牌是一家全球化的公司，主要业务是勘探和提取原油、天然气和天然气液体，提供碳氢化合物，营销和运输石油和天然气，并满足客户不断变化的能源需求。股东来自全球各地，通过股东大会进行公司治理，治理和管理的过程更加市场化，注重效率和利润。壳牌决策机构包括股东大会、董事会和高级管理团队等。股东大会对公司的长期战略有决定权，董事会负责公司的日常运营决策，高级管理团队对公司运营的具体事务负责。壳牌从企业、投资组合和项目三个层面进行资本配置，形成了一个更简单的高层领导结构，目标和责任更加明确。

图 4-7　壳牌公司治理与组织管理关键词可视化词云图

（6）埃尼：埃尼在公司治理与组织管理维度的关键词如图 4-8 所示，埃尼是一家全球性能源公司，主营业务包括石油和天然气的勘探和生产、炼油和销售、石油化工产品的生产和可再生能源发电等多个领域。埃尼向当地市场以及零售商和商业客户销售天然气、电力和各种产品，同时提供可持续移动出行服务。埃尼将各个业务部门按照区域进行划分，每个区域或者业务单元有一定的决策权，以便适应特定地区和市场环境。埃尼致力于提高员工的健康和安全水平，通过强化资产完整性、环境保护、人权保障、生产活动的弹性和多样化、财务稳健性，实现卓越运营。传统的意大利公司治理结构分为三层：股东大会、董事会、管理层。股东大会选举产生董事会、董事会聘任管理层。埃尼的治理结构基于传统的意大利模式，在不影响股东大会作用的情况下，将公司管理权分配给董事会，将监督职能分配给法定审计委员会，并将审计权分配给审计公司。埃尼集团追求可持续发展的同时，坚持自己的核心价值观，即在整个价值链中注重循环经济以及员工的成长。

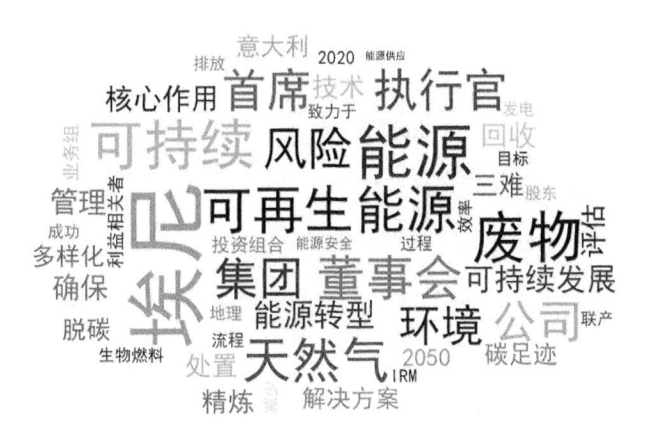

图 4-8　埃尼公司治理与组织管理关键词可视化词云图

（7）雪佛龙：雪佛龙在公司治理与组织管理维度的关键词如图 4-9 所示，雪佛龙是一家全球化的能源公司，业务领域包括勘探、生产、炼化、市场销售、交通运输及化工产品的生产销售。雪佛龙持续开发石油和天然气资源，以满足客户和消费者对能源的需求；持续保持投资组合的灵活性，以响应政策、技术、客户和消费者偏好的变化。雪佛龙遵守美国的公司法和证券交易法，执行严格的财务和信息披露规定。采用分散的组织管理模式，各业务部门相对自治，允许其根据各自的营运环境调整管理策略。为了在整个员工队伍中建立和保持强大的 OE（卓越运营）文化，公司领导层鼓励开放的沟通与严明纪律，同时加大资源投入保证员工健康。雪佛龙深入了解业务需求和市场趋势，制定全面的人力资源战略，通过有效监督机制确保员工获得正确领导与职业发展支持。

基于对标分析的石油公司价值创造研究

图 4-9 雪佛龙公司治理与组织管理关键词可视化词云图

（8）道达尔：道达尔在公司治理与组织管理维度的关键词如图 4-10 所示，道达尔是一家跨国石油天然气公司，业务覆盖了石油和天然气的勘探、开采、生产、炼制和销售。同时，公司正在积极拓展可再生能源业务，重点投资低排放、低成本项目，成为天然气价值链减排的典范。道达尔公司业务遵循分散化管理的模式，各地区和业务单元有一定的自主性，因此能更好地应对各地不同的市场和环境。道达尔的公司治理主要由董事会和综合管理层负责。董事会由具有不同背景的成员组成，负责制定最高治理标准并确立公司战略方向。道达尔公司董事会下设审计委员会、薪酬委员会以及提名与治理委员会。公司坚持透明运营理念，发布的与履行责任相关的各类报告十分丰富，反映出其对信息沟通的高度重视。

第四章 ▶ 基于对标的定性对标结果分析

图 4-10 道达尔公司治理与组织管理关键词可视化词云图

（9）挪威国油：挪威国油在公司治理与组织管理维度的关键词如图 4-11 所示。挪威国油的业务主要包括石油与天然气的勘探、生产、炼制和销售以及石油技术服务，业务覆盖全球多个国家和地区。挪威国油公司治理主要依据挪威政府政策和挪威公司法规定，执行严格的透明度和公开信息的标准。挪威国油以项目为中心，治理结构相对扁平，具有较高的灵活性和较快的响应速度，能适应全球化运营的需求。公司治理结构的基础是挪威相关法律，股东大会是公司的最高机构，董事会对管理和监督公司的运营和业务开展负有重要责任。首席执行官负责日常运营，包括向公司执行委员会提出战略、目标、行动，提交财务报表以及提供重要的投资建议。

图 4-11　挪威国油公司治理与组织管理关键词可视化词云图

（10）伍德赛德：伍德赛德在公司治理与组织管理维度的关键词如图 4-12 所示。伍德赛德石油公司是一家独立石油生产和勘探公司，伍德赛德的运营具有强大的安全性、可靠性和环保性，业务涵盖石油、天然气和新能源领域，业务网络遍布全球。伍德赛德遵守澳大利亚公司法和证券交易法规定，并承诺遵守最佳公司治理与业务行为原则。伍德赛德石油公司总部位于澳大利亚，在全球多个国家设有分支机构，采取分散式管理模式。公司全球业务由总部制定战略方向，各地的分公司根据地方特色制定差异化方案。伍德赛德致力于高水平的公司治理，同时注重培养以道德、诚信和相互尊重为核心的公司文化。董事会负责伍德赛德的整体公司治理，公司章程规定公司的业务和事项在董事会的指导下开展，董事会的核心角色是制定公司的战略方向、推选和任命首席执行官、监督公司的管理和业务活动。

第四章 ▶ 基于对标的定性对标结果分析

图 4-12 伍德赛德公司治理与组织管理关键词可视化词云图

（11）埃克森美孚：埃克森美孚在公司治理与组织管理维度的关键词如图 4-13 所示，埃克森美孚业务包括原油和天然气的勘探和生产，以及石油产品、石化产品等多种产品的制造、贸易、运输和销售。埃克森美孚的公司治理由股东会、董事会和高级管理团队构成，遵循美国的公司治理法规和准则。埃克森美孚普遍采取分散管理的模式，各个部门和业务单元对运营和业务有一定的决策权，以提高运营效率并适应不同市场的需求。埃克森美孚力求在一个高度复杂、竞争激烈、不断变化的全球能源商业环境中平稳运营。

图 4-13 埃克森美孚公司治理与组织管理关键词可视化词云图

177

（12）马拉松：马拉松石油公司在公司治理与组织管理维度的关键词如图 4-14 所示。美国马拉松石油公司是一家独立的勘探和生产公司，业务涵盖石油和天然气的勘探、开发、生产、销售及运输业务。马拉松在全球多个国家设有分支机构，并采取分散式的管理模式，公司总部负责制定全球战略，各分支机构则根据当地市场特点执行本地化运营策略。马拉松石油公司受美国公司法和联邦证券交易法等法律法规的约束，公司治理秉持公开透明、公平公正的原则。董事会独立监督所有企业及风险管理工作，设有四个委员会：审计与财务委员会、薪酬委员会、公司治理与提名委员会、健康环境安全和公司责任委员会。董事会成员是独立的非雇员董事。董事会通过其审计和财务委员会在财务报告和财务报告的内部控制方面发挥监督作用。

图 4-14　马拉松公司治理与组织管理关键词可视化词云图

第四章 ▶ 基于对标的定性对标结果分析

第二节　战略管理维度对标分析

各石油公司在战略管理维度的关键词可视化词云图如图4-15和图4-16所示。

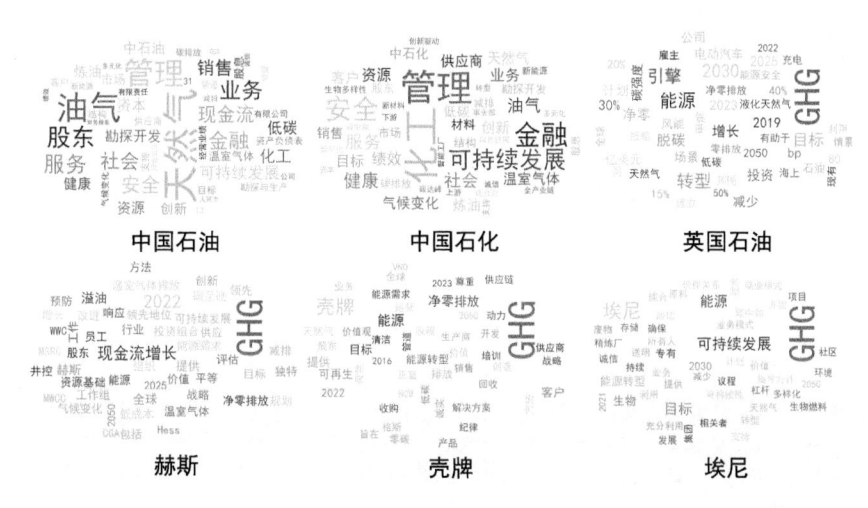

图 4-15　中国石油等6家对标公司的战略管理关键词可视化词云图

图 4-16　雪佛龙等6家对标公司的战略管理关键词可视化词云图

179

针对各个石油公司的战略管理关键词可视化词云图具体分析如下：

（1）中国石油：中国石油在战略管理维度的关键词可视化词云图如图 4-17 所示，中国石油的战略发展集中在"创新、资源、市场、国际化、绿色低碳"，积极落实国家碳达峰碳中和战略部署，将新能源和新材料纳入公司主营业务发展。明确"清洁替代、战略接替、绿色转型"三步走总体部署，坚持"引进来"与"走出去"相结合，推进全产业链、全方位对外开放，发挥"一带一路"建设主力军作用，提升国际化经营能力。深入实施创新战略，大力加强核心技术攻关；推进公司数字化、智能化发展，打造智能油气田、智能炼化、智慧销售，助力产业转型升级；坚持清洁开发的环保理念，持续开展环境控制和监测项目，保护业务所在地海洋生态环境和生物多样性。未来中国石油的战略目标主要集中在天然气、油气等原材料能源的开发应用，最大化利用各类资源，真正做到能源转型。提高服务管理效率，减少温室气体的排放，将低碳的新能源正式应用到供应链中，使整个供应链健康、绿色发展；运用金融市场、现金流和资金流，使整个公司的经营业绩最大化、运营效率最大化，最大限度地提高产能。

图 4-17 中国石油战略管理关键词可视化词云图

（2）中国石化：中国石化在战略管理维度的关键词可视化词云图如图 4-18 所示。中国石化的战略思想包括价值引领、市场导向、创新驱动、绿色洁净、开放合作、人才强企，在战略执行上深入实施创新驱动发展战略，着力突破核心技术，持续强化基础前沿研究，纵深推动科技体制机制改革。致力于可持续发展，推动绿色低碳转型，积极倡导绿色采购、责任采购，与供应商携手履责，同时研发和推广碳减排技术，强化温室气体排放监测与管理。大力发展节能环保产业，建设 CCUS 全产业链工程，实现从传统能源向洁净能源的转变。中国石化的战略目标主要集中在化工材料和金融资产的管理，将净零排放的思想作为公司的终极目标，推进化石能源洁净化、洁净能源规模化、生产过程低碳化。同时，中国石化非常重视创新，密切关注行业的发展趋势，制定相应的发展方向，每一阶段都有其特定的任务，充分提高每个业务板块的运营效率。中国石化持续推动 ESG 与公司治理体系的深度融合，持续完善 ESG 治理架构，形成自上而下的可持续发展的管理和实践体系。中国石化推进科技孵化器建设，创新和培育新领域齐头并进，加速科技成果转化，密切跟进行业前沿技术发展趋势，加快数字化、智能化转型发展。

图 4-18　中国石化战略管理关键词可视化词云图

（3）英国石油：英国石油在战略管理维度的关键词可视化词云图如图 4-19 所示。英国石油从一家国际石油公司转型为综合性能源公司，从专注生产资源转向为客户提供解决方案。其目标是实现净零排放、改善人们生活和关爱地球。英国石油计划在未来十年大幅增加转型增长资金投入，同时加大对石油和天然气领域的投资。英国石油致力于可持续发展，将低碳转型作为长期战略目标，在可再生能源和低碳技术领域加大投资，推动清洁能源的发展。此外，英国石油还积极参与减少碳排放和环境保护等方面的倡议和行动。英国石油通过制定战略、管理风险和改进决策，灵活应对能源市场的变化和需求多样化的趋势，并在不同能源之间寻求协同效应。英国石油非常重视净零排放，目标是在运营和生产中大幅减少碳排放，发展新的低碳业务、产品和服务，成为一个"净零"公司。英国石油对于总体战略的阶段性制定有较好的规划，大力推动公司的转型，放弃了原有的上下游业务模式，采用精简、扁平化的管理结构。同时，英国石油的安全绩效有所提高，安全纪录也在不断改善，努力实现不发生事故、不伤害人员、不破坏环境的目标。英国石油对于未来的规划，更多体现在绿色环保发展

图 4-19　英国石油战略管理关键词可视化词云图

上，把握好能源转型的机遇，利用绿色发展来实现其在市场中的快速发展，通过提升协同效应、持续改进运营效率，实现价值创造最大化。

（4）赫斯：赫斯在战略管理维度的关键词可视化词云图如图4-20所示。赫斯的战略目标是实现高回报的资源增长、低成本的供应和行业领先的现金流增长。赫斯建立了差异化的投资组合，致力于投资业内一些回报率高的项目来为股东增加现金回报。同时，注重营造多元化和包容性的工作环境，让员工享有公平的发展机会，充分发挥潜力。环境保护是赫斯的核心承诺与价值观。赫斯力求在潜在的环境影响范围内不断提高绩效，推动技术创新和可持续发展。赫斯通过保证员工的健康和安全、保护环境以及对公司经营所在的社区产生积极影响来履行企业公民社会责任。未来，在执行公司战略的同时，公司将继续以可持续发展的长期承诺为指导，促进社会不平等问题的解决。在勘探和生产领域投入大量资金，研发新的采油技术，提高生产效率。赫斯在可再生能源领域积极投资，加大对太阳能和风力发电等清洁能源的开发和利用，以满足不断增长的能源需求，顺应环境友好型社会的发展趋势。环境、健康、安全和社会责任战略集中在

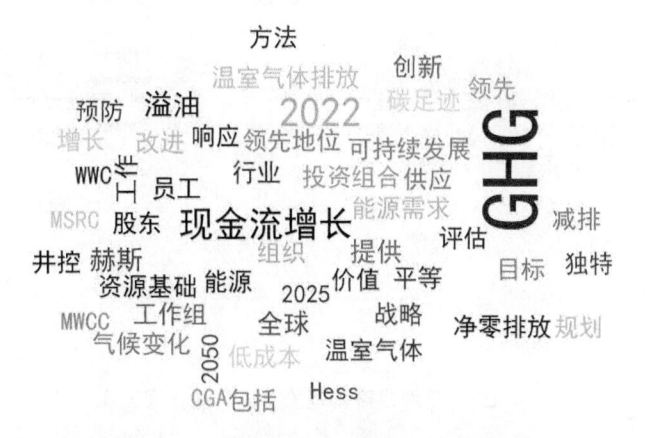

图4-20 赫斯战略管理关键词可视化词云图

八个关键领域：气候变化；社区和利益相关者的参与；多样性、公平和包容；应急准备和反应；职业卫生与安全；过程安全；供应链与承包商管理；水管理。

（5）壳牌：壳牌在战略管理维度的关键词可视化词云图如图 4-21 所示。壳牌的战略目标是到 2050 年成为一家净零排放的能源企业，在保持安全能源供应的同时实现盈利。壳牌旨在为股东、客户和社会创造价值，加大对可再生能源和能源解决方案业务的投资，以净零排放为目标，降低能源产品的碳强度。壳牌为家庭供暖提供充足的可再生天然气，为数千辆公共汽车提供动力。目标是通过提供更多更清洁的能源解决方案，将低碳能源转型作为其战略目标之一，同时注重技术创新和数字化转型，注重提高生产效率、降低成本和提供更好的客户体验。除此之外，壳牌公司注重可持续发展和社会责任，在业务运行中积极推进环境保护、社会发展和人才培养，并为供应商和承办商提供免费的反贿赂和反腐败培训。

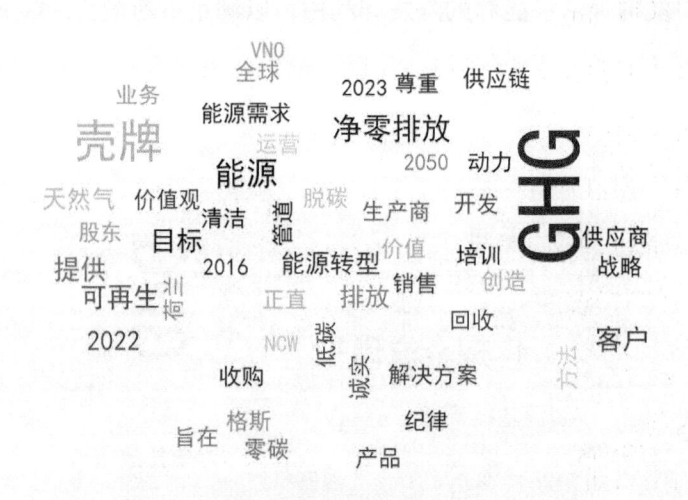

图 4-21　壳牌战略管理关键词可视化词云图

（6）埃尼：埃尼在战略管理维度的关键词可视化词云图如图 4-22 所示。埃尼的总体规划主要围绕净零排放展开，力求实现提供脱碳产品和服务的转型，力争在 2050 年实现碳中和目标，以包容和透明的方式与员工、供应商、客户与消费者、当地社区共享社会效益和经济效益，确保人们获得可靠的和可持续的能源，为所有利益相关者创造长期价值。埃尼不仅采用灵活而创新的商业模式，还提出了可持续融资的指导方针，为未来的融资合作和衍生金融工具提供了可能的奖励机制。同时埃尼还将成为创新和技术引领型企业列为战略目标之一，致力于研发先进的技术和解决方案，提高生产效率、资源利用效率和产品质量。埃尼开发和应用能够减少排放和更有效的能源生产的新技术，确保整个供应链上可持续的生物质能管理，确保协会活动与埃尼气候变化和能源转型战略的一致性和透明度；坚持以人为本，保障员工健康安全、确保资产完整性、尊重人权，保持稳健的财务纪律，并大力发展可再生能源业务。

图 4-22 埃尼战略管理关键词可视化词云图

（7）雪佛龙：雪佛龙在战略管理维度的关键词可视化词云图如图4-23所示。雪佛龙的愿景是不断为世界提供低碳能源，增加低碳业务投入，积极抢占低碳技术领域市场。雪佛龙在上游勘探开发领域制定了时期长短不同的战略：短期聚焦于能尽快产生净现金流的项目，长期关注未来增长项目。雪佛龙不仅重视重大技术攻关，还关注前瞻技术的研发，注重潜在技术积累和技术应用，并通过对市场趋势、技术发展和政策环境的分析，制定长期战略规划和投资计划，以确保公司的可持续增长和盈利能力。

图 4-23 雪佛龙战略管理关键词可视化词云图

（8）道达尔：道达尔在战略管理维度的关键词可视化词云图如图4-24所示。道达尔的战略目标涉及能源系统、能源转型及实现净零排放等。道达尔致力于可持续发展，并将其纳入公司的战略规划当中，其目标是到2050年实现全球业务的净零排放，并通过更快地建立新的低碳能源体系来推动世界能源体系的发展。道达尔通过整合综合价值链，实现了不同业务环节的协同效应，提高了效率和竞争力。道达尔的战略规划清晰明确，这使得其能够在全球能源市场中保持竞争力，同时积极应对能源转型和可持续发展面临的挑战。道达尔全面部署可再生能源价值链，贯穿生产、储存、交易到销售各环节。道达尔的战略包括推动集团转型，使其成为一个业务广泛的能源公司，着重发展液化天然气和电力这两个增长最快的能源市场，为其股东创造长期价值。道达尔在液化天然气等可再生能源的开发上取得了重大突破，其积极支持包括碳定价在内的有利于碳中和的政策，不仅致力于实现其自身的目标，还支持各地及其客户实现碳中和，真正做到促进整个生态系统实现碳中和、实现净零排放。

图 4-24 道达尔战略管理关键词可视化词云图

（9）挪威国油：挪威国油在战略管理维度的关键词可视化词云图如图 4-25 所示。挪威国油的战略是在优化石油和天然气投资组合的同时，通过追求可再生能源的高价值增长和低碳解决方案的新市场机会来创造作为能源转型领导者的价值。挪威国油的目标是以更低的排放和净零排放为社会提供能源，主要围绕净零排放实现可持续发展，通过大规模应用技术、推动产业数字化和自动化来巩固其在碳效率生产方面的行业领先地位。以"始终安全、高价值、低碳"三大战略支柱为指导，同时将二氧化碳排放量降至行业领先水平。挪威国油利用丰富的海上经验，推动行业向前发展，并且成为全球海上风电专家，致力于在全球30多个国家和地区开发石油、天然气、风能和太阳能，追求安全、平等和可持续性，通过优化石油和天然气投资组合来提高价值创造，增强竞争力和价值创造。同时，减少碳排放，加快利润增长的速度，开发低碳解决方案和价值链，通过可再生能源解决方案加速公司的能源转型，提高运营效率和产能。

图 4-25 挪威国油战略管理关键词可视化词云图

（10）伍德赛德：伍德赛德在战略管理维度的关键词可视化词云图如图4-26所示。伍德赛德的目标是构建低成本、低碳、高盈利、弹性和多元化的投资组合，以在全球能源转型中蓬勃发展。伍德赛德致力于可持续发展，并将其纳入战略目标，同时高度重视环境保护、社会责任和治理规范，积极采取措施减少碳足迹、提高能源利用效率、保护生态系统。除此之外，伍德赛德还将气候战略纳入其整体战略中。伍德赛德在勘探、生产和炼油等领域加大研发投入，采用先进技术提高效率、降低成本，不断开发可再生能源。伍德赛德发展战略的一个核心是努力建立并维持具有弹性和可行性的长期业务。作为一个有竞争力的液化天然气供应商，公司注重发展液化天然气业务，将液化天然气作为交通、航运和发电领域的清洁替代燃料，希望能为低碳世界作出更多贡献。该公司专注于提供可持续的能源解决方案，为股东、社区、政府和其他利益相关者创造长期价值。

图 4-26　伍德赛德战略管理关键词可视化词云图

（11）埃克森美孚：埃克森美孚在战略管理维度的关键词可视化词云图如图 4-27 所示。埃克森美孚致力于提升公司的利润和价值，通过高效运营和战略投资实现持续增长。埃克森美孚 2025 年的碳减排目标：上游排放强度下降 15%～20%，甲烷排放强度下降 40%～50%，燃烧排放强度下降 35%～45%，到 2035 年实现行业领先的温室气体排放绩效。与此同时，埃克森美孚积极参加与气候有关的政策、行业发展规划及相关法律法规的制定，通过与政策制定者积极沟通以及与减排行动支持者合作，为公司制定合理的发展规划，使公司在行业中保持领先地位。埃克森美孚在满足社会对能源的需求方面发挥着重要作用，其为了减轻气候变化风险，制定了四大气候战略，分别是减少运营中的碳排放、提供产品以帮助客户减少碳排放、开发和部署可扩展的技术解决方案、积极参与气候相关政策。

图 4-27 埃克森美孚战略管理关键词可视化词云图

（12）马拉松石油公司：马拉松石油公司在战略管理维度的关键词可视化词云图如图 4-28 所示。美国马拉松石油公司通过领先的环境绩效满足全球能源需求。总体业务战略是为股东创造具有竞争力的回报、自由现金流和现金回报，基础战略是确保员工安全、保持强大的资产负债表、满足全球能源需求并专注于持续改善环境绩效、成为值得信赖的合作伙伴以及保持一流的公司治理标准，同时将回报放在首位，以保守的油价产生可持续的自由现金流，并与投资者分享这些现金流。马拉松了解温室气体和其他气体排放对全球气候和空气质量的影响，建立了业务流程，以减少排放并减轻当前和未来的能源转型风险。马拉松石油公司的战略目标主要体现在区域水资源管理战略目标和商业战略目标等方面，区域水资源管理战略旨在减少用水对利益相关者和相关领域的影响,商业战略主要体现在其在美国四个石油最丰富的盆地开展业务,为长期发展做好了准备。马拉松致力于减轻环境影响,注重节能减排和环境绩效的提升,推动生物多样性保护工作。

图 4-28 马拉松战略管理关键词可视化词云图

第五章

价值创造对标的结论

石油公司在未来的发展中需不断提升价值创造能力，在油气生产、绿色低碳、效率效益、创新发展、员工发展及安全管理等方面不断改进，挖掘企业优势，扬长板补短板。基于对标结果分析，结合国务院国资委提出的聚焦七个领域的创造行动举措，为石油企业的后续发展提出以下建议：

（1）提高储量储备，以核心创新技术助力油气勘探。

第一，加大勘探力度，研发适用于油气勘探的核心技术，推进地质理论创新，加强勘探技术攻关，研发原创技术，着力提升科技自立自强能力，进而提高勘探成功率和储量评估精度，通过优化勘探方案和提高勘探精度发现更多具有经济价值的油气储量；第二，动态跟踪储量储备，定期评估和更新，不断优化开采策略，包括寻找新的勘探地点、改进开采技术以及密切关注市场动态；利用现代科学技术，如大数据、人工智能和遥感技术，更有效地寻找和评估油气资源；第三，以寻找大中型油气田和优质储量为目标，以价值勘探为理念，解放思想，大胆创新，加大领域性甩开勘探力度，突破潜山、探索浅层地球物理找油、中深层岩性、页岩油气勘探，同时持续展开成熟区、油田围区的挖潜；第四，完善探井作业管理体系，确保作业安全管理有律可循，有法可依。完善探井作业风险提示及预案编制，做到作业前风险提示及相应预案编制 100% 覆盖。

（2）稳固成本与油气生产优势，以科技赋能持续降本增效。

实施和完善精细化管理，梳理现有生产流程，挖掘现有生产中的瓶颈和低效环节，有针对性地进行改进和优化。进一步将数字化、智能化技术引入油气生产与开发，打造智能油气田。同时，推进绿色生产与可持续发展。积极研发绿色生产技术，降低能源消耗和污染物排放；实施清洁生产，提高资源利用效率，降低生产成本。严格遵守环保法规和标准，加强环保设施建设和管理，确保生产活动不会对环境造成污染；加强环保宣传教育，提高员工的环保意识和责任感。积极争取国家和地方政府的政策支持，包括财政补贴、税收优惠、用地保障等；积极利用政策优势降低生产成本，提高油气生产的竞争力。

（3）聚焦生产效益管理，抓好提质增效稳增长。

提升内部管理能力，进一步优化资源配置。不断优化油气生产流程和管理体系，提高油气生产效率和管理效率，引入先进的生产技术和设备，优化油气生产工艺流程，提高生产线的稳定性和效率。同时，建立完善的企业管理体系，包括财务管理、人力资源管理、物资管理等，实现管理的高效协同和信息共享。将价值创造融入企业管理运营环节，强化精益管理，降低运营成本。提高市场占有率和品牌价值，增强品牌知名度和美誉度。

（4）强化低碳技术革新，助推可持续发展战略。

加大在低碳技术领域的研发投入，包括碳捕集、利用与封存（CCUS），氢能，可再生能源等方面；通过推动技术创新，降低碳排放强度。提高清洁能源利用比例，增强能源利用效率；推进节能减排，降低碳排放，加强对生产过程中温室气体排放的监测和管控，采取有效措施降低温室气体排放。积极探索碳捕集与封存技术，减少碳排放；增加对清洁的开发与利用，如太阳能、风能、生物质能、地热能等。加强碳资产管理，建立完善的碳足迹核算体系，对生产过程中的碳排放进行全面、准确地核算；通过核算碳足迹，剖析碳排放状况，为制定减排措施提供依据。积极参与碳交易市场，通过碳交易实现碳排放的外部化；通过购买碳配额或出售减排量，激励企业减少碳排放并获取经济收益。

（5）增强安全管理意识，提升风险防范能力。

建立完善的安全管理体系，责任到人，为各级管理人员和员工确立安全管理职责；制定安全生产规章制度和操作规程，并严格执行和监督；建立严格的预警管控机制，对生产过程中可能出现的安全风险进行及时预警、防范和控制。加强对生产现场的监督和管理，对违规操作和安全隐患及时纠正和处理；建立信息反馈机制，使管理人员能够及时了解生产现场的安全状况，及时采取措施加以解决。加大对机器和设备的维护和管理力度，确保设备运行正常、安全可靠，定期对设备进行检查、维修和保养，对设备的操作和使用进行规范和管理。建立有效的安全奖惩办法，对具有良好安全记录和表现的员工进行奖励，对违反安全生产条例的行为进行处罚，形成安全生产的良好氛围。

（6）提升研发水平，以科技创新驱动品牌价值增长。

加大科技创新投入，吸引和培养更多具有创新意识和创新能力的人才，建立完善的创新体系；通过深入研究行业发展趋势和市场需求，不断开发具有创新性和领先性的油气勘探技术、生产工艺和设备，提高生产效率和质量；企业应加强人才培养和创新文化建设，为企业的持续创新和发展提供源源不断的动力，激发员工的创新热情和创新力，企业内部应注重营造开放、包容的创新文化氛围，鼓励员工提出新的想法和创意，推动企业不断创新和发展；与高校、科研机构加强技术交流和合作。

（7）加快治理水平现代化，以先进机制提升治理效能。

企业应严格遵守各项监管制度，持续改进公司治理，加强信息化建设，建立全面、客观、透明的信息披露机制，提高公司治理工作的透明性和公开度；建立科学、高效的决策机制，规范决策流程，明确决策责任，提高决策的科学性和公正性；建立健全监督机制，紧盯重点领域和关键环节，有效防范和化解重大经营风险。同时，建立严格的问责机制，对违规行为进行严肃处理，提高治理工作的严肃性和权威性。企业应建立有效的内部控制体系，对重大风险进行评估和管理，确保公司运营的合规性和安全性。

总之，石油企业取得了较大的进步和成就，但在未来还有很长的路要走，如提升企业经营效率、重视石油公司创新发展、挖掘油气发展新方向、发展绿色低碳新能源、注重企业员工发展以及安全管理、提升治理效能、加强战略管理等。石油企业需要继续提升企业的价值创造，推进高质量发展，朝着建设世界一流企业的目标努力。

参考文献

[1] 曹志成,杨晓明,苏丹,等.基于直觉模糊TODIM的航天型号材料供应商优选研究[J].载人航天,2022,28(3):383-391.

[2] 陈尘.从管理提升到价值创造:对标世界一流企业价值创造行动启动[J].国企管理,2023(4):53-55.

[3] 陈晶,姚陈.基于区间二元语义距离测度的多属性群决策方法[J].江西科学,2022,40(6):1052-1058+1066.

[4] 窦一清,蔡高楼,金叶,等.创建具有全球竞争力的世界一流示范企业:基于11家央企对标研究[J].企业管理,2022(12):44-48.

[5] 冯向前,刘琦,魏翠萍.基于犹豫模糊二元语义的多属性决策方法[J].运筹与管理,2018,27(1):17-22.

[6] 冯兴宇,屈绍建.基于模糊环境下的最大偏差法和TODIM法的多属性应急选址决策[J].数学的实践与认识,2022,52(1):103-118.

[7] 顾延芊.基于层次分析法和熵权法的堤防安全评价[J].黑龙江水利科技,2019,47(10):197-201.

[8] 郭子雪,杨雅旭,贺泽芳.基于概率语言术语集改进TODIM法的应急物流供应商评价研究[J].运筹与管理,2022,31(6):196-203.

[9] 国务院国有资产监督管理委员会.关于开展对标世界一流企业价值创造行动的通知,国资发改委〔2022〕79号[R].北京:国务院国有资产监

督管理委员会企业改革局，2023.

[10] 靳红兴. 中国石化上游板块"3566"对标管理体系建设的探索与实践：兼对勘探开发企业深化对标管理的思考[J]. 能源化工财经与管理，2023，2（2）：49-54.

[11] 李立娟. 国企对标开展世界一流企业价值创造行动启动[N]. 法治日报，2023-03-17（007）.

[12] 刘广宇. 能源服务企业对标世界一流HSE管理体系实践[J]. 现代职业安全，2023（3）：81-83.

[13] 刘丽平. 国有重点企业对标世界一流管理提升行动标杆项目带来的启示[J]. 冶金管理，2023（4）：4-10.

[14] 刘鹏，张厚和，李春荣，等. 中海油与国内外典型石油公司勘探关键指标对标分析[J]. 中外能源，2020，25（2）：1-8.

[15] 刘议聪，楚俊峰，王燕燕. 基于信任关系的TODIM群体多属性决策方法[J]. 计算机工程与应用，2022，58（3）：187-194.

[16] 罗萍. 历年来国际大石油公司勘探开发支出对标与启示[J]. 中国石油和化工标准与质量，2022，42（15）：52-57.

[17] 潘涛，万宏，吴谋远，等. 世界一流石油企业评价指标体系构建及应用[J]. 国际石油经济，2019，27（7）：1-9.

[18] 秦天文. 某大型钢铁企业对标世界一流管理提升行动的做法及思考[J]. 冶金管理，2023（4）：11-17.

[19] 隋宇凡，曲娜，谭丽丽，等. 基于层次分析法和熵权法的地铁水灾风险评价[J]. 渤海大学学报：自然科学版，2023，44（2）：184-192.

[20] 汪言. 基于Python的词云生成及优化研究：以"十四五"规划为例[J]. 电脑知识与技术，2021，17（19）：23-28.

[21] 王娜，李杰.基于 AHP-熵权法的 FAQ 问答系统用户满意度评价研究：以高校图书馆问答型机器人为例[J].情报科学，2023，41（9）：164-172.

[22] 王欣，魏丽，李洪成，等.中海油桶油成本管控探析：对标国际石油公司[J].国际石油经济，2020，28（5）：94-103.

[23] 王欣.世界一流电力企业评价与对标分析[J].企业管理，2023（7）：62-65.

[24] 王欣荣，樊治平.基于二元语义信息处理的一种语言群决策方法[J].管理科学学报，2003（5）：1-5.

[25] 杨斯玲，黄和平，刘伟，等.基于直觉模糊 TODIM 的装配式建筑预制构件供应商选择[J].建筑经济，2019，40（10）：40-45.

[26] 雍锐，杨洪志，马英哲，等.天然气开发对标管理指标体系及评价方法[J].天然气工业，2023，43（2）：24-31.

[27] 张海霞，柯祎，王晶.能源低碳转型下我国国有石油公司持续竞争力评价[J].中国矿业，2021，30（1）：48-54.

[28] 张志翔，蒋龙，严旭，等.基于主客观赋权的电力市场风险综合评价研究[J].南方能源建设，2023，10（6）：160-169.

[29] 赵前.基于世界一流企业特征的石油公司比较研究[J].中国石油企业，2022（9）：72-79+127.

[30] 周向红，杨汝婷，成鹏飞，等.大学科技城协同创新风险管理研究：二元语义信息评价方法与理论的视角[J].科学决策，2023（1）：104-118.

[31] Herrera F, Martinez L. A 2-tuple fuzzy linguistic representation model for computing with words[J]. IEEE Transactions on Fuzzy Systems，2000，8（6）：746-752.